내신 30 DAYS

ABC · EF HIJK

꽉 잡는

중학 영단어에 빠져라!

Advanced

교육의 길잡이 · 학생의 동반자
(주)교학사

Structures and Features

1. 수능에서 가장 많이 나오는 중학 영단어가 뭘까?

중학 영단어 중에서 수능에서 가장 많이 나오는 단어가 무엇일까요? 그 다음에 많이 나오는 단어는? 또 그 다음은 ....

영어 단어장에 나와 있는 대로 무조건 외우는 기존의 영단어 책보다 이렇게 수능에서 많이 출제되는 영단어부터 순서대로 암기한다면 학습 동기가 높아져 단어 익히기가 재미있겠지요?

● **Preview Check** 오늘 학습할 낱말입니다. 이미 자신이 알고 있는 낱말에 ✔해 봅시다.

☐ while	☐ above	☐ employ	☐ reason	☐ guilty
☐ such	☐ total	☐ language	☐ increase	☐ conscience
☐ part	☐ public	☐ situation	☐ whole	☐ declare
☐ own	☐ visible	☐ several	☐ ambition	☐ virtual
☐ instead	☐ essential	☐ attention	☐ permit	☐ upward
☐ order	☐ deny	☐ although	☐ interpret	☐ moment

수능
출제
랭킹
001

Basic

while
[ʰwail]

접 ① ~하는 동안 ② ~인데 반하여　명 잠시, 잠깐
* Her parents died while she was still at school.
  그녀의 부모님은 그녀가 아직 학교에 다닐 동안 돌아가셨다.

002
such

형 그런, 그러한

2. 예문이 쉬운 영단어 책, 어디 없나요?

영단어 책에서 예문을 보는데 어려운 단어가 나오면? 어려운 단어가 하나도 아니고 둘 이상 나온다면? 그 단어들의 뜻을 더 알아야 하니 짜증이 났던 적이 많이 있지요? 제시 단어의 의미 파악에만 집중할 수 있도록 예문을 쉽게 만든 영단어 책, 이거 중요합니다. 하나 더, 앞에서 배운 낱말이 조금 뒤 예문에서 다시 나오는 나선형 구조로 예문을 실었으므로 복습에 저절로 된다.

수능
출제
랭킹

Intermediate

010
visible
[vízəbl]

형 눈이 보이는, 가시적인　반 invisible 보이지 않는
* The house is clearly visible from the beach.
  그 집은 해변에서도 뚜렷이 눈에 보인다.

011
essential
[isénʃəl]

형 필수적인, 본질적인 → essence 명 본질, 진수
* Vitamins are essential for good health.
  비타민은 건강 유지에 필수적이다.

012
deny
[dinái]

동 부정하다 → denial 명 부정
* Why didn't he just deny it?
  왜 그는 그것을 그냥 부인하지 않았을까?

013
employ
[implɔ́i]

동 고용하다 → employee 명 종업원, employer 명 고용주
* The company employs a lot of workers.
  그 회사는 많은 노동자들을 고용한다.

3. 일일 단어 학습을 수준별로 한다면?

기존의 영단어 책의 일일학습은 쉽거나 어려운 단어가 20~30개 섞여 있는 것을 외우게 하고 있지요. 이렇게 단어 학습을 하면 엄청 지루해서 며칠 하다가 그만 두게 되는 경험이 한두 번쯤 누구나 있을 거예요. 하지만 일일 학습 단어를 수준별로 구성하면 지루함을 훨씬 덜 수 있을 뿐만 아니라 쉬운 수준을 먼저 공부한 후, 그 다음에 중간 수준을 공부하는 등 단어 공부를 여러 가지 방법으로 재미있게 할 수 있어요.

4. 두껍고 어려운 영단어 책은 가라!

30일만에 끝내는 얇은 영단어 책, 여기 있어요.

오늘의 일일 단어 학습을 하기 전에 자기 자신이 그 중에서 얼마나 알고 있는지 확인해 보는 준비 학습 코너

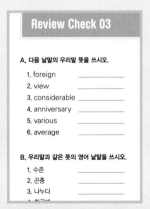

다양한 문제를 통해 학습한 어휘를 확인할 수 있는 Review Check 수록

Contents

┌─ 이 책에서 사용되는 약어 ─┐

명 명 명사　　대 대명사

동 동 동사　　형 형 형용사

부 부 부사　　전 전치사

접 접속사　　감 감탄사

동 동의어　　반 반의어

유 유의어　　복 복수형

합 합성어　　참 참고

Day 01~30

권장
학습
방법

1. 먼저 Preview Check의 낱말을 보면서 자신이 이미 알고 있는 낱말에 체크해 본 후, 본문을 보면서 그 낱말의 뜻을 꼼꼼하게 확인해 본다.

2. Basic에 있는 모르는 낱말의 뜻을 집중해서 학습하고 그 예문도 익힌다. MP3를 들으면서 익히면 학습 효과가 더욱 좋아진다. 그 다음에 Intermediate와 Advanced를 Basic에서처럼 차례차례 학습한다.

3. Preveview Check에서 자신이 알고 있는 낱말을 다시 체크해 본 후 아직 잘 모르는 낱말을 본문에서 다시 학습한다.

4. 이번에는 Review Check에 도전한다. 채점해 본 후 틀린 낱말을 골라내어 본문에서 다시 학습한다.

5. 새 일일학습을 하기 전에 이전 일일학습의 Preview Check를 보면서 모르는 낱말을 체크해 본 후 그 뜻을 본문에서 다시 익힌다.

Day 01

수능 출제 랭킹
001~ 030

● **Preview Check** 오늘 학습할 낱말입니다. 이미 자신이 알고 있는 낱말에 ✔해 봅시다.

☐ while	☐ above	☐ employ	☐ reason	☐ guilty
☐ such	☐ total	☐ language	☐ increase	☐ conscience
☐ part	☐ public	☐ situation	☐ whole	☐ declare
☐ own	☐ visible	☐ several	☐ ambition	☐ virtual
☐ instead	☐ essential	☐ attention	☐ permit	☐ upward
☐ order	☐ deny	☐ although	☐ interpret	☐ moment

수능 출제 랭킹

Basic

001

while
[hwail]

접 ① ~하는 동안 ② ~인데 반하여 명 잠시, 잠깐
● Her parents died while she was still at school.
그녀의 부모님은 그녀가 아직 학교에 다닐 동안 돌아가셨다.

002

such
[sʌtʃ]

형 그런, 그러한
● You must not say such a thing in public.
너는 사람들 앞에서 그런 것을 말해서는 안된다.

003

part
[pɑːrt]

명 ① 부분, 지역 반 whole 전체 ② 부품 ③ 역할
● We have visitors from all parts of the earth.
우리의 방문객들은 지구 모든 지역에서 온다.

004

own
[oun]

형 자기 자신의 동 소유하다
● He spent his own money to buy a car.
그는 차를 사려고 자신의 돈을 썼다.

005

instead
[instéd]

부 대신에
● If you can't go, let him go instead.
네가 갈 수 없으면, 그를 대신 보내라.

006

order
[ɔ́ːrdər]

명 ① 명령 ② 주문 ③ 순서, 질서 동 ① 명령하다 ② 주문하다
● May I take your order? 주문하시겠어요?

007

above
[əbʌ́v]

전 ~보다 위에 반 below ~의 아래로 부 위에, ~을 넘어
● I was flying above the clouds. 나는 구름 위를 날고 있었다.

008

total
[tóutl]
형 ① 총계의, 전체의 ② 완전한 명 총계
- The club has a total membership of 500.
  그 클럽은 총 회원이 500명이다.

009

public
[pʌ́blik]
형 ① 대중적인 ② 공적인 ③ 공개적인 반 private 사적인
명 (the −) 대중
- The painting will be put on public display next week.
  그 그림은 다음 주에 공개적인 전시가 될 것이다.

Intermediate

수능
출제
랭킹

010

visible
[vízəbl]
형 눈이 보이는, 가시적인 반 invisible 보이지 않는
- The house is clearly visible from the beach.
  그 집은 해변에서도 뚜렷이 눈에 보인다.

011

essential
[isénʃəl]
형 필수적인, 본질적인 → essence 명 본질, 진수
- Vitamins are essential for good health.
  비타민은 건강 유지에 필수적이다.

012

deny
[dinái]
동 부정하다 → denial 명 부정
- Why didn't he just deny it?
  왜 그는 그것을 그냥 부인하지 않았을까?

013

employ
[implɔ́i]
동 고용하다 → employee 명 종업원, employer 명 고용주
- The company employs a lot of workers.
  그 회사는 많은 노동자들을 고용한다.

014

language
[lǽŋgwidʒ]
명 언어
- the Korean language   한국어

015

situation
[sìtʃuéiʃən]
명 상황, 위치
- Tell me about the situation. 그 상황을 나에게 말해라.

016

several
[sévərəl]
형 몇몇의
- Several letters arrived this morning.
  몇 통의 편지가 오늘 오전에 도착했다.

017

attention
[əténʃən]
명 주목, 주의 → attend 동 주의를 기울이다, 참석하다
- Please pay attention to what I am saying.
  제 말에 주목해 주십시오.

018

although
[ɔːlðóu]
접 비록 ~이긴 하지만 (= though)
- Although he is old, he can run fast.
  그는 나이가 들었지만 빨리 달릴 수 있다.

019

reason
[ríːzn]
명 ① 이유 유 cause ② 이성(理性), 도리
- He gave a reason for his absence.
  그는 자신이 결석한 이유를 말했다.

020

increase
[inkríːs]

图 늘리다, 증가하다 凡 decrease 圀 [ínkriːs] 증가
● I need to increase my power. 나는 나의 힘을 늘릴 필요가 있다.

021

whole
[houl]

圀 전체의, 모든 → wholly 凰 완전히, 전적으로
● He spent the whole day reading.
그는 온전히 하루를 독서하면서 보냈다.

Advanced

022

ambition
[æmbíʃən]

圀 야망 → ambitious 圀 야심 있는
● Bill is full of ambition. 빌은 야망으로 가득 차있다.

023

permit
[pərmít]

图 허락하다 图 allow → permission 圀 [pə́ːrmit] 허락
● Visitors are not permitted to take photographs.
방문객들의 사진 촬영은 허용되지 않습니다.

024

interpret
[intə́ːrprit]

图 해석하다, 통역하다 → interpretation 圀 통역
● You can interpret it in various ways.
당신은 그것을 다양한 방법으로 해석할 수 있다.

025

guilty
[gílti]

圀 유죄의, 죄책감이 드는 凡 innocent 무죄의
● We already feel guilty, don't we?
우리는 이미 죄책감을 느끼고 있다, 그렇지?

026

conscience
[kánʃəns]

圀 양심 → conscientious 圀 양심적인
● have a clear/guilty conscience 양심에 걸릴 게 없다/걸리다

027

declare
[diklέər]

图 ① 선언하다, 공표하다 ② 신고하다 → declaration 圀 선언
● He declared the opening of the Olympic Games.
그는 올림픽 대회 개막을 선언했다.

028

virtual
[və́ːrtʃual]

圀 ① 가상의 凡 real 실제의 ② 사실상의
● Virtual reality is available in games and movies.
가상 현실은 게임과 영화에서 사용 가능하다.

029

upward
[ʌ́pwərd]

凰 위쪽으로 圀 위를 향한
● Bad weather forced the price of fruit upward.
날씨가 나빠서 과일 값이 올랐다.

030

moment
[móumənt]

圀 잠깐, 순간, 때 图 minute, instant
● Wait a moment, please. 잠깐만 기다려주세요.

A. 다음 낱말의 우리말 뜻을 쓰시오.

1. attention _____
2. language _____
3. essential _____
4. interpret _____
5. visible _____
6. situation _____

7. ambition _____
8. conscience _____
9. public _____
10. increase _____
11. total _____
12. whole _____

B. 우리말과 같은 뜻의 영어 낱말을 쓰시오.

1. 몇몇의 _____
2. 고용하다 _____
3. 선언하다 _____
4. 주문하다 _____
5. 부분 _____
6. 허락하다 _____

7. 유죄의 _____
8. 부정하다 _____
9. 이유 _____
10. 가상의 _____
11. 위쪽으로 _____
12. ~보다 위에 _____

C. 다음 우리말과 뜻이 같도록 문장을 완성하시오.

1. 커피 대신에 차를 마실 게요.

   = I'll have tea _____ of coffee, please.
2. 그런 것을 배워도 아무 소용이 없다.

   = It is no use learning _____ a thing.
3. 그 부품은 엔진에 들어가는 것이다.

   = That _____ belongs to the engine.
4. 지혜로운 사람은 자기 자신의 마음이 흔들리지 않는다.

   = A wise man knows his _____ mind.
5. 비록 그는 나이가 많아도 아주 정정하다.

   = He is quite strong _____ he is old.
6. 비가 잠시 동안 멈추었다.

   = The rain stopped for a _____.

Day 02

● **Preview Check** 오늘 학습힐 낱말입니다. 이미 자신이 알고 있는 낱말에 ✔해 봅시나.

☐ field	☐ perfect	☐ common	☐ major	☐ talent
☐ certain	☐ item	☐ local	☐ successful	☐ value
☐ control	☐ nature	☐ period	☐ return	☐ research
☐ system	☐ space	☐ provide	☐ amount	☐ technology
☐ form	☐ serious	☐ against	☐ knowledge	☐ blood
☐ behind	☐ college	☐ offer	☐ role	☐ volunteer

수능 출제 랭킹

Basic

031

field
[fi:ld]

명 ① 들판 ② 분야 ③ 경기장
● That question is outside my field.
그 질문은 내가 아는 분야가 아니다.

032

certain
[sə́:rtn]

형 확실한, 확신하는 동 sure, 반 uncertain → certainly 부
● I am certain Bill is honest. 나는 빌이 정직하다고 확신한다.

033

control
[kəntróul]

동 지배하다, 조절하다 명 지배, 억제
● It's difficult for him to control himself.
그가 감정을 억제하는 것은 어렵다.

034

system
[sístəm]

명 조직, 제도, 체계 → systematic 형
● The old system of education needs to be changed.
낡은 교육 제도는 바뀔 필요가 있다.

035

form
[fɔ:rm]

명 형태, 형식, 서식 동 형성되다, 만들다
● Fill in the form, please. 이 양식에 기입하세요.

036

behind
[biháind]

전 ~의 뒤에 부 뒤에, 뒤떨어져
● The sun disappeared behind the clouds.
해가 구름 뒤로 사라졌다.

037

perfect
[pə́:rfikt]

형 완전한 → perfection 명, perfectly 부
● Your answer is perfect. 너의 대답은 완벽해.

038

item
[áitəm]

명 항목, 품목
- That's the very item I was looking for.
  그게 바로 내가 찾던 물품이었다.

039

nature
[néitʃər]

명 ① 자연 ② 천성, 본질 → natural 형 자연의, 타고난
- It's not in his nature to be unkind.
  불친절하게 구는 것은 그의 성격에 맞지 않는다.

Intermediate

040

space
[speis]

명 ① 공간 ② 우주 동 universe, cosmos
- I'd like to travel through space. 나는 우주로 여행하고 싶다.

041

serious
[síəriəs]

형 심각한, 진지한
- Kevin was serious about the matter.
  Kevin은 그 일을 진지하게 생각하고 있었다.

042

college
[kálidʒ]

명 단과 대학 참 university 종합 대학
- My brother goes to college. 형은 대학을 다닌다.

043

common
[kámən]

형 ① 공동의 동 public ② 흔한, 보통의 동 ordinary
- Having a Halloween party became common in Korea. 할로윈 파티는 한국에서 흔하게 되었다.

044

local
[lóukəl]

형 지역의, 지방의
- Ellie is working at a local TV station.
  Ellie는 지역 TV 방송국에서 일한다.

045

period
[píːəriəd]

명 기간, 시대
- He stayed at the hotel for a long period.
  그는 오랜 기간 동안 그 호텔에 머물렀다.

046

provide
[prəváid]

동 제공하다 동 supply → provision 명 제공
- Cows provide milk. 소는 우유를 공급한다.

047

against
[əgénst]

전 ① ~에 반대하여 반 for ~에 찬성하여 ② 대비하여
- Everyone is against my plan. 모든 사람이 나의 계획에 반대한다.

048

offer
[ɔ́ːfər]

동 주다, 제의하다 명 제의
- That shop offers better service than this.
  저 가게는 이 가게보다 더 좋은 서비스를 제공한다.

049

major
[méidʒər]

형 ① 주요한 ② 과반수의 ③ 전공의 반 minor
- I spend the major part of a year abroad.
  나는 일 년 중 반 이상을 외국에서 보낸다.

050	**successful** [səksésfəl]	휑 성공한, 성공적인 → success 명 • Bill was successful in the exam. 빌은 시험에 합격했다.
051	**return** [ritə́ːrn]	동 ① 돌아오다 ② 돌려주다 명 귀환, 반납 • You have to return these books to the library. 너는 이 책들을 도서관에 반납해야 한다.

Advanced

052	**amount** [əmáunt]	명 총액, 총계, 양(量) • The amount of rain affects the growth of crops. 비의 양은 농작물 성장에 영향을 준다.
053	**knowledge** [nάlidʒ]	명 지식 • I don't have much knowledge of Korean history. 나는 한국사 지식이 많지 않다.
054	**role** [roul]	명 역할, 역 • I am out of character with this role. 나는 이 역에 맞지 않는다.
055	**talent** [tǽlənt]	명 재주, 재능 동 gift → talented 휑 • Ella has a talent for art. 엘라는 미술에 재능이 있다.
056	**value** [vǽljuː]	명 가치 동 worth → valuable 휑 귀중한 • This rule has some educational value. 이 규칙은 교육적 가치가 좀 있다.
057	**research** [risə́ːrtʃ]	명 조사, 연구 동 조사하다, 연구하다 • He asks for time for research. 그는 연구할 시간을 요청한다.
058	**technology** [teknάlədʒi]	명 기술 • Technology is changing the way we live. 기술이 우리가 사는 방식을 바꾸는 중이다.
059	**blood** [blʌd]	명 피, 혈액 • The nurse took some blood from my arm. 간호사가 나의 팔에서 약간의 채혈을 했다.
060	**volunteer** [vὰləntíər]	명 자원봉사자 동 자진하여 ~하다 • Many volunteers work in the hospital. 많은 자원봉사자들이 그 병원에서 일한다.

A. 다음 낱말의 우리말 뜻을 쓰시오.

1. talent _____
2. space _____
3. major _____
4. volunteer _____
5. serious _____
6. blood _____

7. provide _____
8. offer _____
9. value _____
10. knowledge _____
11. research _____
12. technology _____

B. 우리말과 같은 뜻의 영어 낱말을 쓰시오.

1. 체계 _____
2. 대학 _____
3. 지역의 _____
4. 확실한 _____
5. 자연 _____
6. 보통의 _____

7. 품목 _____
8. 조절하다 _____
9. 돌아오다 _____
10. 기간 _____
11. 완전한 _____
12. 성공적인 _____

C. 다음 우리말과 뜻이 같도록 문장을 완성하시오.

1. 여기에는 많은 양의 정보가 있다.

   = There is a large _____ of information here.

2. 음악은 영화에서 중요한 역할을 한다.

   = Music plays an important _____ in movies.

3. 만일을 대비해서 준비해 두어야 한다.

   = We must provide _____ a rainy day.

4. 나의 아들은 문 뒤에 숨었다.

   = My son hid _____ the door.

5. 우리는 새로운 정부를 구성하게 되기를 바라고 있다.

   = We hope to _____ the new government.

6. 그들은 경기장에서 야구 연습을 하고 있다.

   = They are practicing baseball in the _____.

Day 03

● **Preview Check** 오늘 학습할 낱말입니다. 이미 자신이 알고 있는 낱말에 ✔ 해 봅시다.

☐ share	☐ advice	☐ angle	☐ realize	☐ recommend
☐ follow	☐ lead	☐ contact	☐ produce	☐ response
☐ insect	☐ dead	☐ average	☐ due	☐ descend
☐ view	☐ cage	☐ recently	☐ anniversary	☐ deserve
☐ foreign	☐ cast	☐ various	☐ approach	☐ devote
☐ level	☐ considerable	☐ create	☐ consist	☐ invest

수능 출제 랭킹

Basic

061

share
[ʃɛər]

동 나누다, 공유하다 명 몫
● Ella shared an orange with her friend.
테la는 그녀의 친구와 오렌지를 나누었다.

062

follow
[fάlou]

동 ① 따르다 ② 뒤를 잇다 반 lead 이끌다
● Night follows day. 밤은 낮 다음에 온다.

063

insect
[ínsekt]

명 곤충
● Ants and dragonflies are insects. 개미와 잠자리는 곤충이다.

064

view
[vjuː]

명 ① 견해 ② 시야 ③ 경관 → viewer 명 시청자
● Ella likes a view of nature. 테la는 자연 경관을 좋아한다.

065

foreign
[fɔ́ːrən]

형 외국의 → foreigner 명 외국인
● Have you ever been to a foreign country?
당신은 외국에 가본 적이 있나요?

066

level
[lévəl]

명 ① 수평 ② 수준
● What is the level of this course?
이 강좌는 수준이 어떻게 됩니까?

067

advice
[ædváis]

명 충고, 조언 → advise 동 조언하다
● My teacher gave me advice on math.
나의 선생님이 내게 수학 과목에 대해 조언해 주셨다.

068

lead
[liːd]

동 led - led ① 이끌다 ② 통하다 ③ 앞서다 명 선두, 우세
→ leader 명 지도자
- Would you kindly lead the way?
  당신이 앞장을 좀 서 주시겠어요?

069

dead
[ded]

형 죽은 반 alive 살아있는 → death 명 죽음, die 동 죽다
- a dead animal 죽은 동물

수능 출제 랭킹 Intermediate

070

cage
[keidʒ]

명 우리, 새장
- Birds are flying about in the big cage.
  새들이 큰 우리 안에서 여기저기 날아다닌다.

071

cast
[kæst]

동 cast - cast ① 던지다 ② 배역을 정하다
- A fisherman cast a net. 어부가 그물을 던졌다.

072

considerable
[kənsídərəbl]

형 상당한, 많은 → consider 동 고려하다
- Ella is a girl of considerable talent.
  Ella는 상당한 재주가 있는 소녀이다.

073

angle
[æŋgl]

명 ① 각(角), 각도 ② 관점
- The two lines cross at right angles.
  두 선은 직각으로 교차한다.

074

contact
[kántækt]

명 연락, 접촉 동 연락하다
- She's lost contact with her son. 그녀는 아들과 연락이 끊어졌다.

075

average
[ǽvəridʒ]

명 평균 형 평균의, 보통의 반 special 특별한
- We work average 8 hours a day.
  우리는 하루에 평균 8시간 일한다.

076

recently
[ríːsntli]

부 최근에 → recent 형 최근의
- Did you hear from him recently?
  최근에 그에게 소식이 없었나요?

077

various
[vέəriəs]

형 여러 가지의 → variety 명 여러 가지, vary 동 다르다
- People eat food in various ways.
  사람들은 다양한 방식으로 음식을 먹는다.

078

create
[kriéit]

동 창조하다, 창작하다 → creative 형, creation 명
- Hanguel was created by King Sejong.
  한글은 세종대왕에 의해 만들어졌다.

079

realize
[ríːəlàiz]

동 깨닫다, 알아차리다 → real 형 실제의, realization 명 자각
- Only later did he realize his mistake.
  나중에서야 그는 자신의 실수를 깨달았다.

15

080

produce
[prədjúːs]
图 생산하다, 낳다
- This factory produces new smartphones.
  이 공장은 새 스마트폰을 생산한다.

081

due
[djuː]
혱 ~하기로 되어 있는
- The next train is due in five minutes.
  다음 기차는 5분 후에 있습니다.

Advanced

082

anniversary
[ænəvə́ːrsəri]
몡 기념일
- Today is the first anniversary of my daughter.
  오늘이 나의 딸 첫돌이다.

083

approach
[əpróutʃ]
图 다가오다, 접근하다　몡 접근
- A stranger approached me. 어떤 낯선 사람이 내게 다가왔다.

084

consist
[kənsíst]
图 ① 존재하다 (in) ② 구성되다 (of)
- Water consists of hydrogen and oxygen.
  물은 수소와 산소로 되어 있다.

085

recommend
[rèkəménd]
图 추천하다
- Can you recommend a good restaurant?
  당신이 좋은 식당 좀 추천해 주실 수 있으세요?

086

response
[rispáns]
몡 ① 응답, 대답 ② 반응 → respond 图 대답하다
- I look forward to her response.
  나는 그녀의 대답을 기다린다.

087

descend
[disénd]
图 내려오다, 내려앉다 → descendant 몡 후손
- She descended the stairs slowly.
  그녀가 계단을 천천히 내려왔다.

088

deserve
[dizə́ːrv]
图 ~을 받을 만하다, ~할 가치가 있다
- I don't deserve to be treated like this.
  나는 이런 대접을 받을 자격이 없다.

089

devote
[divóut]
图 헌신하다, 봉헌하다
- He devoted himself to writing. 그는 창작에 몰두했다.

090

invest
[invést]
图 투자하다 → investment 몡 투자
- I have no money to invest. 나는 투자할 돈이 없다.

A. 다음 낱말의 우리말 뜻을 쓰시오.

1. foreign _____
2. view _____
3. considerable _____
4. anniversary _____
5. various _____
6. average _____

7. approach _____
8. recommend _____
9. advice _____
10. create _____
11. deserve _____
12. devote _____

B. 우리말과 같은 뜻의 영어 낱말을 쓰시오.

1. 수준 _____
2. 곤충 _____
3. 나누다 _____
4. 최근에 _____
5. 새장 _____
6. 연락 _____

7. 따르다 _____
8. 던지다 _____
9. 깨닫다 _____
10. 생산하다 _____
11. 투자하다 _____
12. 죽은 _____

C. 다음 우리말과 뜻이 같도록 문장을 완성하시오.

1. 너는 걸어서 내려와야 한다.

   = You have to _____ on foot.

2. 그는 아무 대답이 없었다.

   = He made no _____.

3. 이 도로는 그 공원으로 통한다.

   = This road _____ to the park.

4. 우리 마을에는 약 50채의 집으로 구성되어 있다.

   = Our village _____ of about fifty houses.

5. 그 문제는 그의 실수 때문이었다.

   = The problem was _____ to his error.

6. 정사각형의 각도는 모두 직각이다.

   = The _____ of square are all right angles.

Day 04

● **Preview Check** 오늘 학습할 낱말입니다. 이미 자신이 알고 있는 낱말에 ✔해 봅시다.

☐ decide	☐ pain	☐ improve	☐ terrible	☐ heal
☐ focus	☐ reach	☐ necessary	☐ protect	☐ hire
☐ huge	☐ bottom	☐ regular	☐ effort	☐ modest
☐ step	☐ expect	☐ temperature	☐ sequence	☐ modify
☐ forward	☐ effect	☐ medicine	☐ existence	☐ monitor
☐ wonder	☐ notice	☐ project	☐ recover	☐ murder

수능 출제 랭킹 **Basic**

091

decide
[disáid]

동 결심하다, 결정하다 → decision 명
● I decided to buy a new car. 나는 새 차를 사기로 결심했다.

092

focus
[fóukəs]

동 초점을 맞추다, 집중하다 명 초점, 주목
● You should focus on your studies. 너는 공부에 집중해야 한다.

093

huge
[hju:dʒ]

형 거대한, 막대한 반 tiny 아주 작은
● I am a huge fan of the baseball player.
나는 그 야구 선수의 엄청난 팬이다.

094

step
[step]

명 ① 걸음 ② 단계
● The baby took his first steps today.
그 아기는 오늘 첫걸음을 떼었다.

095

forward
[fɔ́:rwərd]

부 앞으로
● The student stepped forward to make a speech.
그 학생은 웅변을 하려고 앞으로 나갔다.

096

wonder
[wʌ́ndər]

동 궁금하다, 생각하다, 놀라다 명 경탄, 경이감
● I wonder who she is. 난 그녀가 누군지 궁금하다.

097

pain
[pein]

명 ① 통증, 고통 ② (-s) 노고
● I have a pain in my back. 나는 나의 등에 통증이 있다.

098

reach
[ri:tʃ]

동 도착하다, ~에 이르다 동 arrive, get to
● She reached her house in the morning.
그녀는 아침에 그녀의 집에 도착했다.

099

bottom
[bátəm]

명 맨 아래, 밑바닥 반 top 정상
● I thank you from the bottom of my heart.
진심으로 감사드립니다.

Intermediate

100

expect
[ikspékt]

동 기대하다, 예상하다
● I expect a very hot summer this year.
나는 금년 여름이 매우 더울 걸로 예상한다.

101

effect
[ifékt]

명 ① 영향, 효과 ② 결과 동 result 결과, 반 cause 원인
● cause and effect 원인과 결과
*have an effect on ~에 영향을 미치다

102

notice
[nóutis]

명 알림, 공고 동 알다, 주목하다
● I didn't notice him leaving. 나는 그가 떠나는 것을 알지 못했다.

103

improve
[imprú:v]

동 나아지다, 개선하다 → improvement 명 개선
● His health is improving. 그의 건강은 나아지고 있다.

104

necessary
[nésəsèri]

형 필요한 반 unnecessary 불필요한
● It is necessary you buy a new car. 너는 새 차를 살 필요가 있다.

105

regular
[régjulər]

형 규칙적인, 정기적인 → regularly 부
● a regular customer 단골손님

106

temperature
[témpərətʃər]

명 온도, 열
● What was the temperature last night?
지난밤의 온도는 몇 도였습니까?

107

medicine
[médəsin]

명 약, 의료 → medical 형 의료의
● Did you take your medicine? 너는 약을 먹었니?

108

project
[prádʒekt]

명 계획, 과제, 사업
● I'm working on a school project.
나는 학교 과제를 처리하는 중이다.

109

terrible
[térəbl]

형 끔찍한, 소름끼치는 → terror 명 공포, 테러
● What terrible news! 정말 끔찍한 소식이군!

110

protect
[prətékt]

동 보호하다, 지키다 → protection 명 보호
● This hat protects me from the hot sun.
이 모자는 뜨거운 태양으로부터 나를 보호해 준다.

111

effort
[éfərt]

명 노력, 수고
● Ellie made a great effort to be a lawyer.
Ellie는 변호사가 되려고 많은 노력을 했다.

 # Advanced

112

sequence
[síːkwəns]

명 ① 연속적인 사건들 ② 순서, 배열
● Number the pages in sequence.
페이지에 번호를 차례대로 매겨라.

113

existence
[igzístəns]

명 존재 → exist 동 존재하다
● I didn't know his existence until today.
나는 오늘까지 그의 존재를 알지 못했다.

114

recover
[rikʌ́vər]

동 회복되다, 되찾다 → recovery 명 회복
● He recovered from a serious illness.
그는 중병에서 회복되었다.

115

heal
[hiːl]

동 치료하다, 치유되다
● I felt healed by my mom's love.
나는 엄마의 사랑으로 치유가 되는 기분이었다.

116

hire
[haiər]

동 ① 고용하다 ② 빌리다
● He was hired two years ago. 그는 2년 전에 고용되었다.

117

modest
[mɑ́dist]

형 겸손한, 수수한 → modesty 명 겸손
● He is modest in his speech. 그는 말씨가 겸손하다.

118

modify
[mɑ́dəfài]

동 수정하다, 바꾸다
● The software has been modified for us.
그 소프트웨어는 우리에게 맞도록 변경된 것이다.

119

monitor
[mɑ́nətər]

명 ① 화면 ② 감시원 동 감시하다
● When we start, watch the monitor.
우리가 시작하면 화면을 보세요.

120

murder
[mɔ́ːrdər]

명 살인 동 살인하다
● Paterson was found guilty of murder.
Paterson은 살인죄로 유죄 판결을 받았다.

A. 다음 낱말의 우리말 뜻을 쓰시오.

1. modest _____
2. wonder _____
3. bottom _____
4. medicine _____
5. regular _____
6. terrible _____

7. effort _____
8. temperature _____
9. recover _____
10. existence _____
11. notice _____
12. sequence _____

B. 우리말과 같은 뜻의 영어 낱말을 쓰시오.

1. 걸음 _____
2. 앞으로 _____
3. 고통 _____
4. 도달하다 _____
5. 필요한 _____
6. 계획 _____

7. 보호하다 _____
8. 치료하다 _____
9. 초점 _____
10. 엄청난 _____
11. 결정하다 _____
12. 결과 _____

C. 다음 우리말과 뜻이 같도록 문장을 완성하시오.

1. 나는 당신을 화면으로 보고 있다.

= I'm watching you in the _____.

2. 그는 살인죄로 유죄 판결을 받았다.

= He was found guilty of _____.

3. 그들이 왜 너를 고용하지 않았는지 알겠어.

= I understand why they didn't _____ you.

4. 나는 나의 접근 방법을 살짝 바꿔야만 했다.

= I had to _____ my approach a bit.

5. 당신은 영어 실력을 향상시키고 싶으세요?

= Do you want to _____ your English?

6. 나의 엄마는 내가 일찍 귀가하기를 기대한다.

= My mother _____ me to come home early.

Day 05

● **Preview Check** 오늘 학습할 낱말입니다. 이미 자신이 알고 있는 낱말에 ✔해 봅시다.

☐ festival	☐ main	☐ adult	☐ master	☐ shelter
☐ ocean	☐ race	☐ nervous	☐ condition	☐ temporary
☐ disease	☐ rule	☐ prepare	☐ explain	☐ welfare
☐ rise	☐ raise	☐ distance	☐ refer	☐ justify
☐ allow	☐ destroy	☐ comfortable	☐ settle	☐ philosophy
☐ nearly	☐ express	☐ except	☐ session	☐ register

수능 출제 랭킹

Basic

121

festival
[féstəvəl]

몡 축제
● The town held a festival this year.
올해에 그 마을은 축제를 열었다.

122

ocean
[óuʃən]

몡 대양, 바다(海)
● The ship sailed across the ocean. 그 배는 바다를 항해했다.

123

disease
[dizíːz]

몡 병, 질병 图 illness, sickness
● Hunger and disease cause great suffering in the world. 기근과 질병이 세계에 커다란 고통을 안겨주고 있다.

124

rise
[raiz]

몡 증가, 상승 图 오르다, 일어나다
● The sun rises in the east. 해는 동쪽에서 뜬다.

125

allow
[əláu]

图 허락하다, 허용하다 图 permit → allowance 몡 허용, 용돈
● My mother won't allow me to see that movie.
나의 엄마는 내가 그 영화를 보는 것을 허락하지 않을 거야.

126

nearly
[níərli]

閉 거의 图 almost
● He was nearly killed in the accident.
그는 그 사고로 거의 죽을 뻔 했다.

127

main
[mein]

혱 주요한, 큰 → mainly 閉 주로
● Be careful crossing the main road.
큰 도로를 건널 때에는 조심해라.

128

race
[reis]

명 ① 경주 ② 인종, 민족　동 경주하다
● I want to see a bicycle race. 나는 자전거 경주를 보고 싶다.

129

rule
[ru:l]

명 ① 규칙 ② 지배　동 지배하다 → ruler 명 ① 지배자 ② 자
● The rules of the game are very simple.
게임의 규칙은 매우 간단하다.

Intermediate

130

raise
[reiz]

동 ① 올리다 ② 키우다 ③ 모으다
● She raised a flag above her head.
그녀는 머리 위로 깃발을 올렸다.

131

destroy
[distrɔ́i]

동 파괴하다 → destruction 명
● An old building was destroyed by a bomb.
낡은 건물이 폭약으로 파괴되었다.

132

express
[iksprés]

동 표현하다　형 급행의
● She expressed her opinion at the meeting.
그녀는 회의에서 자신의 의견을 표현했다.

133

adult
[ədʌ́lt]

명 어른, 성인　반 child
● The girl talks like an adult. 그 소녀는 어른처럼 말한다.

134

nervous
[nə́:rvəs]

형 불안해하는, 초조해하는
● I didn't realize you were so nervous.
당신이 그렇게 긴장한 줄 몰랐어요.

135

prepare
[pripέər]

동 준비하다
● I am preparing to move to a new house.
나는 새 집으로 이사할 준비를 하고 있다.

136

distance
[dístəns]

명 거리 → distant 형 먼
● Our parents live some distance away.
나의 부모님께서는 약간 멀리 떨어진 거리에서 사신다.

137

comfortable
[kʌ́mfərtəbl]

형 편안한, 쾌적한 → comfort 명 위로, 위안
● The bed is very comfortable. 그 침대는 매우 편안하다.

138

except
[iksépt]

전 ~을 제외하고
● I work every day except Saturday and Sunday.
나는 토요일과 일요일 이외에는 매일 일한다.

139

master
[mǽstər]

명 주인　동 숙달하다
● master new skills 새로운 기술을 숙달하다

140

condition
[kəndíʃən]

명 상태, 상황, 조건
• The nurse asked me about my physical condition.
간호사는 내게 몸 상태를 물었다.

141

explain
[ikspléin]

동 설명하다 → explanation 명 설명
• Explain how to use this tool to me.
이 도구를 사용하는 방법을 설명해주세요.

Advanced

142

refer
[rifə́:r]

동 ① 알아보다, 참조하다 ② 언급하다 → reference 명 참조
• The book I want to refer to is not in the library.
제가 참고하고 싶은 책이 도서관에 없어요.

143

settle
[sétl]

동 ① 해결하다 ② 정착하다 ③ 진정되다
• I would like to settle here.   나는 여기에 정착하고 싶다.

144

session
[séʃən]

명 기간, 회기, 과정
• The training session will last one week.
그 연수 과정은 1주일간 계속될 것이다.

145

shelter
[ʃéltər]

명 ① 주거지 ② 대피 동 막아주다
• We need money in order to buy food and shelter.
우리는 음식과 보금자리를 사기 위해 돈이 필요하다.

146

temporary
[témpərèri]

형 일시적인, 임시의
• More than half the staff are temporary.
직원들 중 절반 이상이 임시직이다.

147

welfare
[wélfɛər]

명 행복, 복지
• child's welfare   아동 복지

148

justify
[dʒʌ́stəfài]

동 정당화하다
• You don't need to justify yourself to me.
당신은 제게 당신 자신을 정당화할 필요가 없어요.

149

philosophy
[filásəfi]

명 철학
• The true medicine of the mind is philosophy.
정신의 참다운 약은 철학이다.

150

register
[rédʒistər]

동 등록하다, 기재하다
• The ship was registered in Panama.
그 선박은 파나마에서 등록이 되어 있었다.

A. 다음 낱말의 우리말 뜻을 쓰시오.

1. adult _____
2. shelter _____
3. prepare _____
4. distance _____
5. nervous _____
6. welfare _____

7. disease _____
8. main _____
9. temporary _____
10. condition _____
11. master _____
12. philosophy _____

B. 우리말과 같은 뜻의 영어 낱말을 쓰시오.

1. 축제 _____
2. 대양 _____
3. 오르다 _____
4. 허락하다 _____
5. 거의 _____
6. 올리다 _____

7. 표현하다 _____
8. 파괴하다 _____
9. 설명하다 _____
10. 등록하다 _____
11. 정당화하다 _____
12. 정착하다 _____

C. 다음 우리말과 뜻이 같도록 문장을 완성하시오.

1. 이 셔츠는 입기에 편하다.
   = This shirt is _____ to wear.
2. 나는 자전거 경주를 보았다.
   = I saw a bicycle _____.
3. 우리는 사회 규칙을 따라야 한다
   = We have to follow the social _____.
4. 다시는 그 문제를 언급하지 마세요.
   = Don't _____ to the matter again.
5. 나는 일요일 외에는 매일 일한다.
   = I work every day _____ Sunday.
6. 오리엔테이션과 연수 과정은 1주일간 계속될 것이다.
   = The orientation and training _____ will last one week.

25

Day 06

수능 출제 랭킹
151~ 180

● **Preview Check** 오늘 학습할 낱말입니다. 이미 자신이 알고 있는 낱말에 ✔해 봅시다.

☐ textbook	☐ anger	☐ impossible	☐ damage	☐ experiment
☐ everybody	☐ grade	☐ sudden	☐ reduce	☐ instrument
☐ goal	☐ law	☐ dew	☐ secret	☐ relationship
☐ wild	☐ add	☐ spread	☐ investigate	☐ achieve
☐ below	☐ career	☐ general	☐ evidence	☐ population
☐ promise	☐ decision	☐ record	☐ charge	☐ worth

수능 출제 랭킹

Basic

151

textbook
[tékstbuk]

명 교과서
● Open your textbook to page 77. 교과서 77쪽을 펴세요.

152

everybody
[évribàdi]

대 모두, 누구든지 동 everyone
● Everybody admits it.
모두 그것을 인정하고 있다.

153

goal
[goul]

명 목표, 득점
● Set your goal as high as possible.
가능한 한 너의 목표를 높게 잡아라.

154

wild
[waild]

형 ① 야생의 ② 사나운
● a wild animal 야생 동물

155

below
[bilóu]

전 ~아래에 반 above ~위에
●This elevator doesn't stop below the fifth floor.
이 엘리베이터는 5층 이하에서는 서지 않습니다.

156

promise
[prámis]

동 약속하다 명 약속
● They made a promise not to lie to each other.
그들은 서로에게 거짓말을 하지 않기로 약속했다.

157

anger
[ǽŋgər]

명 분노 → angry 형 화난
● Anger can be bad for our health.
분노는 우리의 건강에 나쁠 수 있다.

158

grade
[greid]

명 ① 성적 ② 학년
- Bill is in the second grade. Bill은 2학년이다.

159

law
[lɔ:]

명 법(法) → lawyer 명 변호사
- break the law 법을 위반하다

Intermediate

160

add
[æd]

동 더하다, 첨가하다 반 subtract 빼다 → addition 명
- Is there anything else you want to add to that?
  추가로 하실 말씀은 없으세요?

161

career
[kəríər]

명 직업, 경력
- Are you content with your career?
  당신의 직업에 만족하십니까?

162

decision
[disíʒən]

명 ① 결정 ② 판단력 → decide 동 결정하다, decisive 형 결정적인
- I've made a decision, too. 나도 결정했어.

163

impossible
[impásəbl]

형 불가능한 반 possible 가능한
- It is impossible to repair this computer.
  이 컴퓨터를 수리하는 것은 불가능하다.

164

sudden
[sʌ́dn]

형 갑작스러운 → suddenly 부 갑자기
- a sudden change 갑작스러운 변화
- *all of a sudden 갑자기(=suddenly)

165

dew
[dju:]

명 이슬
- The grass was wet with early morning dew.
  풀은 이른 아침 이슬에 젖어 있었다.

166

spread
[spred]

동 spread - spread 펼치다, 퍼지다 명 확산
- The disease spread to the surrounding area.
  그 병은 그 주변 지역으로 퍼졌다.

167

general
[dʒénərəl]

형 일반적인, 종합적인
- a general hospital 종합 병원
- *in general 일반적으로(=generally)

168

record
[rékərd]

명 기록 동 [rikɔ́:rd] 기록하다
- The runner set a new world record.
  그 주자는 세계 신기록을 기록했다.

169

damage
[dǽmidʒ]

몡 손상, 피해 통 피해를 입히다
- The damage to our village is serious.
  우리 마을의 피해는 심각하다.

170

reduce
[ridjúːs]

통 줄이다, 낮추다 빤 increase 늘리다 → reduction 몡 축소
- Reduce speed now. 지금 속도를 줄이시오.

171

secret
[síːkrit]

몡 비밀 형 비밀의
- Can you keep the secret? 너는 그 비밀을 지킬 수 있니?

Advanced

172

investigate
[invéstəgèit]

통 조사하다, 수사하다, 연구하다
- The FBI is continuing to investigate.
  FBI가 조사를 진행하고 있다.

173

evidence
[évədəns]

몡 증거, 근거
- There is no evidence that he is innocent.
  그가 결백하다는 증거는 없다.

174

charge
[tʃɑːrdʒ]

몡 ① 요금 ② 책임 ③ 고발, 비난 통 ① 청구하다 ② 비난하다
- I'm in charge of the new project.
  나는 새 과제를 책임지고 있다.

175

experiment
[ikspérəmənt]

몡 실험 통 실험하다 → experimental 형
- The students did an experiment with plants.
  그 학생들은 식물로 실험을 했다.

176

instrument
[ínstrəmənt]

몡 도구, 악기
- What instrument can you play? 무슨 악기를 연주할 수 있니?

177

relationship
[riléiʃənʃip]

몡 관계
- The relationship with my relatives is important to me. 나의 친척들과의 관계가 나에겐 중요하다.

178

achieve
[ətʃíːv]

통 성취하다, 달성하다, 이루다 → achievement 몡
- What do you hope to achieve?
  당신은 어떤 것을 이루고 싶으세요?

179

population
[pàpjuléiʃən]

몡 인구
- What is the population of Korea? 한국의 인구는 얼마입니까?

180

worth
[wəːrθ]

형 가치가 있는 몡 가치
- How much is this painting worth?
  이 그림은 가치가 얼마나 되나요?

Review Check 06

A. 다음 낱말의 우리말 뜻을 쓰시오.

1. promise _____
2. record _____
3. population _____
4. relationship _____
5. general _____
6. reduce _____

7. experiment _____
8. instrument _____
9. career _____
10. evidence _____
11. investigate _____
12. impossible _____

B. 우리말과 같은 뜻의 영어 낱말을 쓰시오.

1. 손해 _____
2. 분노 _____
3. 이슬 _____
4. 야생의 _____
5. 법 _____
6. 성적 _____

7. 비밀 _____
8. 퍼지다 _____
9. 목표 _____
10. 결정 _____
11. 요금 _____
12. 교과서 _____

C. 다음 우리말과 뜻이 같도록 문장을 완성하시오.

1. 갑자기 모든 것이 변했다.

   = All of a _____ everything changed.
2. 그는 마침내 성공을 이루었다.

   = He finally _____ success.
3. 내가 그 명단에 너의 이름을 추가할까?

   = Shall I _____ your name to the list?
4. 나의 사무실 아래에 서점이 있다.

   = There is a bookstore _____ my office.
5. 모두 자신의 점심 값을 지불했다.

   = _____ paid for their own lunch.
6. 그의 연설은 정말 들을 가치가 있다.

   = His speech is certainly _____ hearing.

Day 07

● **Preview Check** 오늘 학습할 낱말입니다. 이미 자신이 알고 있는 낱말에 ✔해 봅시다.

☐ serve   ☐ active   ☐ benefit   ☐ electric   ☐ include
☐ copy   ☐ court   ☐ customer   ☐ exist   ☐ ordinary
☐ useful   ☐ flat   ☐ suggest   ☐ hardly   ☐ range
☐ memory   ☐ remain   ☐ affect   ☐ avoid   ☐ purpose
☐ none   ☐ direct   ☐ suffer   ☐ encourage   ☐ describe
☐ screen   ☐ normal   ☐ complete   ☐ climate   ☐ object

Basic

181

serve
[səːrv]

통 ① 제공하다 ② 돕다, 봉사하다 → service 명 서비스
● She served us a delicious lunch.
그녀는 우리에게 맛있는 점심을 차려 주었다.

182

copy
[kápi]

통 copied - copied 복사하다, 베끼다 명 사본, 한 부, 원고
● They illegally copy DVDs. 그들은 DVD를 불법적으로 복제한다.

183

useful
[júːsfəl]

형 유용한, 쓸모 있는 반 useless 쓸모없는 → use 통 사용하다
● This dictionary is very useful to me.
이 사전은 내게 매우 유용하다.

184

memory
[méməri]

명 기억, 기억력 → memorize 통 기억하다
● I have no memory of my grandfather.
나는 할아버지에 대한 기억이 없다.

185

none
[nʌn]

대 아무도 ~ 않다
● None of us attended the meeting.
아무도 그 회의에 참석하지 않았다.

186

screen
[skriːn]

명 ① 화면 ② 영화 통 가리다, 차단하다
● a computer screen 컴퓨터 화면

187

active
[ǽktiv]

형 활동적인, 활발한 → act 통, activity, action 명
● My grandfather is 80, but he's still active.
나의 할아버지께서는 80세지만, 지금도 활동적이다.

188	**court** [kɔːrt]	명 ① 법원, 법정 ② 코트 • a tennis court 테니스 코트
189	**flat** [flæt]	형 ① 평평한 ② 펑크 난 • The top of the mountain is flat. 그 산의 정상은 평평하다.

Intermediate

190	**remain** [riméin]	동 계속[여전히] ~이다, 남다 명 (-s)유물 • remain silent 침묵을 유지하다
191	**direct** [dirékt]	동 지시하다, 감독하다 형 직접적인, 직행의 반 indirect 간접적인 → direction 명 방향, 명령(지시) • a direct effect 직접적인 효과 • a direct flight 직항 직행편
192	**normal** [nɔ́ːrməl]	형 보통의, 정상적인 반 abnormal 비정상적인 • Could you speak at normal speed? 보통 속도로 말씀해주세요?
193	**benefit** [bénəfit]	명 이득, 이익 동 득을 보다 • I don't want to benefit from this activity. 나는 이 활동으로 이익을 얻길 바라지 않아요.
194	**customer** [kʌ́stəmər]	명 고객, 손님 • a regular customer 단골손님
195	**suggest** [səgdʒést]	동 제안하다, 제의하다 → suggestion 명 • Emma suggested that we leave immediately. Emma는 우리가 당장 떠나야 한다고 제안했다.
196	**affect** [əfékt]	동 영향을 미치다, 감동을 주다 • Your opinion will not affect my decision. 당신 의견은 나의 결정에 영향을 주지 않을 것이다.
197	**suffer** [sʌ́fər]	동 ① 시달리다, 고통을 겪다 ② 앓다 • I am suffering from a stomachache. 나는 복통을 앓고 있다.
198	**complete** [kəmplíːt]	형 완전한 동 완료하다, 끝내다 • I've just completed my work. 나는 나의 일을 끝마쳤다.
199	**electric** [iléktrik]	형 전기의 → electricity 명 전기 • an electric car 전기 자동차

수능 출제 랭킹

| 200 | **exist**
[igzíst] | 통 존재하다 → existence 명 존재
• I don't believe that UFOs exist. 나는 UFO가 있다고 믿지 않는다. |
| 201 | **hardly**
[háːrdli] | 부 거의 ~ 아니다
• I could hardly hear her voice.
나는 그녀의 목소리를 거의 들을 수 없었다. |

수능 출제 랭킹

Advanced

202	**avoid** [əvɔ́id]	통 피하다, 막다 • Ella avoids staying in the sun. Ella는 햇볕에 있는 것을 피한다
203	**encourage** [inkə́ːridʒ]	통 ① 격려하다 ② 장려하다 → encouragement 명 격려 • I encouraged my friend not to give up. 나는 나의 친구에게 포기하지 말라고 격려했다.
204	**climate** [kláimit]	명 기후 • The climate of this island is mild. 이 섬의 기후는 온화하다.
205	**include** [inklúːd]	통 포함하다 → including 전 ~을 포함하여, inclusion 명 포함 • My class includes two overseas students. 나의 반에는 유학생 2명이 있다.
206	**ordinary** [ɔ́ːrdənèri]	형 보통의, 평범한 ⑧ common, ⑪ special 특별한 • I'll attend the ceremony in ordinary dress. 나는 평범한 옷을 입고 그 예식에 참석할 거야.
207	**range** [reindʒ]	명 범위 • This magazine covers a wide range of topics. 이 잡지는 다양한 범위의 주제를 다룬다.
208	**purpose** [pə́ːrpəs]	명 목적 • What's the purpose of your trip? 너의 여행 목적은 뭐니? *on purpose 고의로
209	**describe** [diskráib]	통 말하다, 자세히 설명하다, 묘사하다 → description 명 서술, 묘사 • Could you describe what happened here? 여기서 일어난 일을 설명해주세요?
210	**object** [ábdʒikt]	명 ① 물체, 물건 ② 목적 통 [əbdʒékt] 반대하다 • UFO stands for an unidentified flying object. UFO는 미확인 비행 물체를 의미한다.

Review Check 07

A. 다음 낱말의 우리말 뜻을 쓰시오.

1. avoid _____
2. climate _____
3. customer _____
4. ordinary _____
5. remain _____
6. suggest _____

7. include _____
8. encourage _____
9. court _____
10. object _____
11. complete _____
12. describe _____

B. 우리말과 같은 뜻의 영어 낱말을 쓰시오.

1. 기억 _____
2. 유용한 _____
3. 복사하다 _____
4. 제공하다 _____
5. 이득 _____
6. 범위 _____

7. 정상적인 _____
8. 영향을 미치다 _____
9. 활동적인 _____
10. 평평한 _____
11. 전기의 _____
12. 직접적인 _____

C. 다음 우리말과 뜻이 같도록 문장을 완성하시오.

1. 그는 고의로 약속을 어겼다.

   = He broke his promise on _____.

2. 화면에는 아무 것도 안 나온다.

   = There is nothing on the _____.

3. 우리들 중 아무도 참석하지 않았다.

   = _____ of us were present.

4. 다른 행성들에도 생명체가 존재할까?

   = Does life _____ on other planets?

5. 나는 어젯밤에 거의 잠을 잘 수 없었다.

   = I could _____ sleep last night.

6. 나는 어젯밤에 고열에 시달렸다.

   = I _____ from a high fever last night.

Day 08

● **Preview Check** 오늘 학습할 낱말입니다. 이미 자신이 알고 있는 낱말에 ✔해 봅시다.

☐ mark	☐ giant	☐ exhausted	☐ scale	☐ character
☐ trust	☐ rope	☐ familiar	☐ height	☐ pollution
☐ wedding	☐ god	☐ treat	☐ enter	☐ recognize
☐ fair	☐ flow	☐ proper	☐ disappear	☐ transportation
☐ tough	☐ sand	☐ communicate	☐ survive	☐ suit
☐ track	☐ attend	☐ repair	☐ upset	☐ architect

Basic

211

mark
[mɑ:rk]

통 표시하다 명 표시, 점수
● Kevin got good marks in all subjects.
Kevin은 모든 과목에서 좋은 점수를 받았다.

212

trust
[trʌst]

통 믿다 명 신뢰
● Kevin doesn't trust others easily.
Kevin은 다른 사람들을 쉽게 믿지 않는다.

213

wedding
[wédiŋ]

명 결혼, 결혼식
● He invited his friends to his wedding.
그는 자신의 결혼식에 친구들을 초대했다.

214

fair
[fɛər]

형 공정한, 공평한 명 박람회
● Fair play is required of every player.
정정당당한 시합은 모든 선수에게 필요하다.

215

tough
[tʌf]

형 ① 힘든 ② 거친 ③ 질긴
● Tomorrow will be a tough day. 내일은 힘든 날이 될 것입니다.

216

track
[træk]

명 ① 선로 ② (발)자국 ③ 작은 길
● What track is for Boston? 보스톤행은 몇 번 선로입니까?

217

giant
[dʒáiənt]

명 거인 형 거대한
● He's a giant of a man. 그는 거인 같은 남자이다.

218

rope
[roup]

몡 밧줄, 로프 됭 묶다
- The man climbed the rope hand over hand.
  그 남자는 밧줄을 두 손으로 번갈아 잡고서 기어 올라갔다.

219

god
[gɑd]

몡 신 뺸 goddess 여신
- Do you believe in god? 당신은 신을 믿나요?

Intermediate

220

flow
[flou]

됭 흐르다 몡 흐름
- The river flows into the sea. 그 강은 바다로 흐른다.

221

sand
[sænd]

몡 모래
- A child is playing with the sand. 어떤 아이가 모래를 가지고 논다.

222

attend
[əténd]

됭 ① 참석하다 → attendance 몡 출석 ② 주의를 기울이다
→ attention 몡 주목
- None of us attended the meeting.
  아무도 그 회의에 참석하지 않았다.

223

exhausted
[igzɔ́ːstid]

혭 ① 기진맥진한 ② 고갈된 → exhaust 됭 기진맥진하게 하다
- You're not exhausted all the time. 너는 항상 지치지 않는다.

224

familiar
[fəmíljər]

혭 아주 잘 아는, 익숙한
- This song is familiar to Korean people.
  이 노래는 한국 사람들에게 잘 알려져 있다.
  *be familiar with+사물 ~에 친숙하다, 잘 알다
  *be familiar to+사람 ~에 잘 알려지다

225

treat
[triːt]

됭 ① 다루다 ② 치료하다 ③ 대접하다 → treatment 몡 치료
- She treated the glass with care.
  그녀는 유리잔을 조심해서 다루었다.

226

proper
[prɑ́pər]

혭 적절한, 올바른 뺸 improper 부적절한
- Nothing is in its proper place.
  그 어느 것도 적절한 위치에 있지 않다.

227

communicate
[kəmjúːnəkèit]

됭 의사소통하다, 알리다
- They communicate with each other by email.
  그들은 이메일로 연락을 한다.

228

repair
[ripέər]

됭 수리하다 욷 fix 몡 수리
- I have to repair my bike today.
  나는 오늘 나의 자전거를 고쳐야 한다.

229	**scale** [skeil]	명 ① 규모, 범위 ② (-s)저울 • The movie was made on a large scale. 　그 영화는 대규모로 제작되었다.
230	**height** [hait]	명 높이, 키 → high 형 높은 • It is about 2 meters in height. 그것은 높이가 약 2미터이다.
231	**enter** [éntər]	동 들어가다 → entrance 명 입구 • I enter high school next year. 나는 내년에 고등학교에 들어가.

Advanced

232	**disappear** [dìsəpíər]	동 사라지다 반 appear 나타나다 → disappearance 명 • The actress disappeared behind the curtain. 　그 여배우는 커튼 뒤로 사라졌다.
233	**survive** [sərváiv]	동 살아남다, 생존하다 → survival 명 생존 • My uncle survived the accident. 　나의 삼촌은 그 사고에서 살아남았다.
234	**upset** [ʌ́pset]	형 속상한, 화난 동 angry 동 속상하게 하다 • A lot of people were upset. 많은 사람들이 분노했다.
235	**character** [kǽriktər]	명 ① 성격 ② 특징 ③ 등장인물 • Bill has a good character. 빌은 착한 성격을 지녔다.
236	**pollution** [pəlúːʃən]	명 오염 → pollute 동 오염시키다 • water pollution 수질 오염
237	**recognize** [rékəgnàiz]	동 ① 알아보다 ② 인정하다 • I didn't recognize him at first. 나는 처음에 그를 알아보지 못했다.
238	**transportation** [trænspərtéiʃən]	명 운송, 교통수단 → transport 동 운송하다 • public transportation 대중 교통수단
239	**suit** [suːt]	명 정장, 한 벌 동 어울리다 → suitable 형 적절한 • The man is wearing a suit. 그 남자는 정장을 입고 있다.
240	**architect** [áːrkətèkt]	명 건축가 → architecture 명 건축(학) • The architect built a tall building in the town. 　그 건축가는 마을에 높은 건물을 지었다.

A. 다음 낱말의 우리말 뜻을 쓰시오.

1. suit	_____	7. recognize	_____
2. attend	_____	8. transportation	_____
3. architect	_____	9. upset	_____
4. communicate	_____	10. trust	_____
5. fair	_____	11. survive	_____
6. character	_____	12. exhausted	_____

B. 우리말과 같은 뜻의 영어 낱말을 쓰시오.

1. 거친	_____	7. 적절한	_____
2. 선로	_____	8. 치료하다	_____
3. 거인	_____	9. 모래	_____
4. 밧줄	_____	10. 표시	_____
5. 신	_____	11. 결혼	_____
6. 친숙한	_____	12. 흐르다	_____

C. 다음 우리말과 뜻이 같도록 문장을 완성하시오.

1. 차례차례로 방으로 들어가 주십시오.
   = Please _____ the room one by one.
2. 그것은 높이가 약 2미터이다.
   = It is about 2 meters in _____.
3. 그 영화는 대규모로 제작되었다.
   = The movie was made on a large _____.
4. 오염은 오늘날의 큰 문제입니다.
   = _____ is a big problem today.
5. 그 여배우는 커튼 뒤로 사라졌다.
   = The actress _____ behind the curtain.
6. 그것을 수리하는 데 시간이 얼마나 필요하십니까?
   = How long do you need to _____ it?

Day 09

● **Preview Check** 오늘 학습할 낱말입니다. 이미 자신이 알고 있는 낱말에 ✔해 봅시다.

☐ silver	☐ athlete	☐ judge	☐ indicate	☐ profession
☐ wave	☐ dramatic	☐ locate	☐ trend	☐ valuable
☐ coin	☐ degree	☐ signal	☐ absent	☐ panic
☐ engine	☐ bar	☐ ignore	☐ opposite	☐ remove
☐ handle	☐ enemy	☐ aim	☐ article	☐ separate
☐ yard	☐ desert	☐ attractive	☐ explore	☐ revolution

수능출제랭킹 Basic

241

silver
[sílvər]

명 은 형 은의 창 gold 금, bronze 동
● She won a silver medal in the race.
그녀는 달리기 시합에서 은메달을 땄다.

242

wave
[weiv]

명 물결, 파도 동 흔들다 → wavy 형
● Jack waved to us. Jack은 우리에게 손을 흔들었다.

243

coin
[kɔin]

명 동전
● Look at the back of the coin. 동전의 뒷면을 보세요.

244

engine
[éndʒin]

명 엔진
●The engine of the car suddenly stopped.
그 차의 엔진이 갑자기 멈췄다.

245

handle
[hǽndl]

동 다루다, 처리하다 명 손잡이
● She's very good at handling her patients.
그녀는 자기 환자들을 다루는 데에 아주 능숙하다.

246

yard
[jɑ:rd]

명 마당, 뜰 동 garden
●The children were playing in the yard.
그 아이들은 마당에서 놀고 있었다.

247

athlete
[ǽθli:t]

명 운동선수
● Leo was a great athlete. Leo는 훌륭한 운동선수였다.

248

dramatic
[drəmǽtik]

형 극적인, 인상적인 → drama 명 극(劇)
● Leo led his team to a 3-2 dramatic victory.
Leo는 그의 팀을 3–2의 극적인 승리로 이끌었다.

249

degree
[digrí:]

명 ① (온도, 각도의) 도 ② 정도
● The corner of a square is a 90 degree angle.
정사각형의 모서리는 90도이다.

Intermediate

250

bar
[bɑːr]

명 ① 막대기, 빗장 ② 장애(물) ③ 매장 동 잠그다, 막다
● They sat down in the snack bar.
그들은 간이음식점에 앉았다.

251

enemy
[énəmi]

명 적, 적군
● The enemy entered our country. 적군이 우리나라에 들어왔다.

252

desert
[dézərt]

명 사막 동 [dizə́:rt] 버리다
● the Sahara Desert 사하라 사막

253

judge
[dʒʌdʒ]

동 ① 판단하다 ② 판결하다 명 판사 → judgement 명 판결
● The court judged the case. 그 법정은 그 사건을 재판했다.

254

locate
[lóukeit]

동 ~에 위치하다, 찾아내다 → local 형 지역의, location 명 장소
● My house is located on the river. 나의 집은 강가에 위치해 있다.

255

signal
[sígnəl]

명 신호 동 신호를 보내다
● The trainer gave the dolphin a signal to jump.
그 조련사는 고래에게 점프하라는 신호를 보냈다.

256

ignore
[ignɔ́:r]

동 무시하다 → ignorance 명 무지
● The driver ignored the red light.
그 운전자는 빨간 신호등을 무시했다.

257

aim
[eim]

명 목적, 목표 동 목표하다
● Jack's one aim in life is to earn a lot of money.
Jack의 인생에서의 한 가지 목표는 돈을 많이 버는 것이다.

258

attractive
[ətrǽktiv]

형 매력적인 → attract 동 마음을 끌다, attraction 명 매력
● The character was attractive to me.
이 캐릭터는 나에게 매력적으로 다가왔다.

259

indicate
[índikèit]

동 나타내다, 보여주다, 가리키다
● These reviews indicate that this book is worth
reading. 이 서평들은 이 책이 읽을 가치가 있음을 보여준다.

260

trend
[trend]

명 경향, 추세, 트렌드
* What trend is popular in styling these days?
  요즘에는 어떤 트렌드가 유행입니까?

261

absent
[ǽbsənt]

형 결석한 반 present 출석한 → absence 명 결석
* Emma is absent today. Emma는 오늘 결석했다.

Advanced

262

opposite
[ápəzit]

형 맞은편의, 반대의 전 ~의 맞은편에 → oppose 동 반대하다
* My office is opposite the city hall.
  나의 사무실은 시청의 맞은편에 있다.

263

article
[ɑ́ːrtikl]

명 기사, 글
* I read an article about the Nobel Prize.
  나는 노벨상에 대한 기사를 읽었다.

264

explore
[iksplɔ́ːr]

동 탐험하다, 답사하다
* The children explored the cave in the forest.
  그 어린이들은 숲속에 있는 동굴을 탐험했다.

265

profession
[prəféʃən]

명 직업 → professional 형 직업의, 프로의
* He is at the very top of his profession.
  그는 자기 직업의 최고 위치에 올라 있다.

266

valuable
[væljuəbl]

형 귀중한, 유익한 → value 명 가치
* He gave me a lot of valuable advice.
  그는 나에게 귀중한 조언을 많이 해 주었다.

267

panic
[pǽnik]

명 공황, 공포
* They ran out in a panic. 그들은 공포에 질려서 달려 나갔다.

268

remove
[rimúːv]

동 제거하다, 치우다
* He removed his hand from her shoulder.
  그가 그녀의 어깨에서 그의 손을 치웠다.

269

separate
[sépərèit]

동 분리하다, 나누다 형 [sépərət] 분리된, 독립된
* I separated the files by color. 나는 색깔별로 파일을 분리했다.

270

revolution
[rèvəlúːʃən]

명 혁명
* The French Revolution began back in 1789.
  프랑스 혁명은 오래 전 1789년에 일어났다.

A. 다음 낱말의 우리말 뜻을 쓰시오.

1. handle   _____
2. desert   _____
3. valuable   _____
4. profession   _____
5. enemy   _____
6. ignore   _____

7. explore   _____
8. opposite   _____
9. remove   _____
10. separate   _____
11. athlete   _____
12. revolution   _____

B. 우리말과 같은 뜻의 영어 낱말을 쓰시오.

1. 은   _____
2. 파도   _____
3. 동전   _____
4. 마당   _____
5. 신호   _____
6. 엔진   _____

7. 판단하다   _____
8. 위치하다   _____
9. 정도   _____
10. 극적인   _____
11. 결석한   _____
12. 가리키다   _____

C. 다음 우리말과 뜻이 같도록 문장을 완성하시오.

1. 그는 매력적인 젊은이이다.

   = He is an _____ young man.
2. 그들은 공포에 질려 달려 나갔다.

   = They ran out in a _____.
3. 그들은 간이음식점에 앉았다.

   = They sat down in the snack _____.
4. 이 그래프는 흥미로운 경향을 보여준다.

   = This graph shows an interesting _____.
5. 나는 노벨상에 대한 기사를 읽었다.

   = I read an _____ about the Nobel Prize.
6. Jack의 인생에서 한 가지 목표는 돈을 많이 버는 것이다.

   = Jack's one _____ in life is to earn a lot of money.

Day 010

● **Preview Check** 오늘 학습할 낱말입니다. 이미 자신이 알고 있는 낱말에 ✓해 봅시다.

☐ crop	☐ entrance	☐ reward	☐ cultivate	☐ colony
☐ official	☐ bargain	☐ manual	☐ industry	☐ drown
☐ private	☐ fee	☐ omit	☐ manufacture	☐ abuse
☐ violent	☐ abandon	☐ proceed	☐ spoil	☐ fellow
☐ challenge	☐ feature	☐ manage	☐ colleague	☐ professor
☐ difficulty	☐ individual	☐ stable	☐ absolute	☐ margin

Basic

271

crop
[krɑp]

명 농작물, 수확량
● What are the main crops in Naju?
나주의 주요 작물은 무엇인가요?

272

official
[əfíʃəl]

형 공식적인 명 공무원
● French is the official language in this country.
프랑스어가 이 나라의 공식적인 언어이다.

273

private
[práivət]

형 ① 개인적인 ② 사립의 → privacy 명 사(私)생활
● I have a private English lesson every day.
나는 매일 개인 영어 과외를 받는다.

274

violent
[váiələnt]

형 폭력적인, 난폭한 → violence 명
● Her husband was a violent man.
그녀의 남편은 난폭한 남자였다.

275

challenge
[tʃǽlindʒ]

동 도전하다 명 도전
● The challenge of creating gold ended in failure.
금을 만들려는 도전은 실패로 끝났다.

276

difficulty
[dífikʌlti]

명 어려움, 곤경
● He got into difficulties while swimming.
그는 수영 중에 곤경에 빠졌다.

277

entrance
[éntrəns]

명 ① 문, 입구 ② 입장, 등장
● The staff entrance is on the ground floor.
직원 입구는 1층에 있습니다.

42

278

bargain
[báːrgən]

명 싼 물건 동 흥정하다
- I picked up a few good bargains in the sale.
  나는 그 세일 때 좋은 할인 물건들을 몇 가지 샀다.

279

fee
[fiː]

명 요금, 수수료
- How much is the entrance fee? 입장료는 얼마입니까?

Intermediate

280

abandon
[əbǽndən]

동 버리다, 포기하다 동 give up
- My own view is that we should abandon it.
  그것을 우리가 포기해야 한다는 것이 내 의견이다.

281

feature
[fíːtʃər]

명 특징, 특색
- Could you describe the features of the new model?
  새 모델의 특징을 설명해주시겠습니까?

282

individual
[ìndəvídʒuəl]

형 개인의 명 개인
- I have no time to answer individual questions.
  나는 개인적인 질문에 대답할 시간이 없다.

283

reward
[riwɔ́ːrd]

명 보상
- I will reward you with my good result.
  제가 좋은 결과로 당신한테 보답할게요.

284

manual
[mǽnjuəl]

형 손으로 하는, 수동의 명 설명서
- I didn't look into the manual hard enough.
  나는 안내서를 꼼꼼히 들여다보지 않았다.

285

omit
[oumít]

동 빠뜨리다, 생략하다
- Don't omit his name from the list.
  그 명부에서 그의 이름을 빠뜨리지 않도록 하라.

286

proceed
[prəsíːd]

동 진행하다 → process 명 과정
- I don't know how to proceed. 나는 어떻게 진행할지 모르겠다.

287

manage
[mǽnidʒ]

동 처리하다, 어떻게든 해내다
- I managed to complete the work.
  나는 어떻게든 그 일을 해냈다.

288

stable
[stéibl]

형 안정된, 견실한
- This ladder doesn't seem very stable.
  이 사다리는 별로 안정되어 보이지가 않는다.

289

cultivate
[kʌ́ltəvèit]

동 경작하다, 재배하다
- The people cultivate mainly rice and beans.
  그 사람들은 주로 쌀과 콩을 재배한다.

290

industry
[índəstri]

명 ① 산업, 공업 ② 근면(성)
• heavy industry 중공업

291

manufacture
[mænjufǽktʃər]

명 생산, 제조 동 생산하다
• the manufacture of cars 자동차 생산

Advanced

292

spoil
[spɔil]

동 망치다
• The tall buildings spoil the view.
  그 높은 건물들이 전망을 망쳐 놓는다.

293

colleague
[káli:g]

명 동료
• These days my colleague looks really depressed.
  요즘 나의 **동료**의 기분이 영 안 좋아 보여요.

294

absolute
[ǽbsəlù:t]

형 절대적인 → absolutely 부 정말로
• She told you the absolute truth.
  그녀는 당신에게 **절대적** 진실을 말한 것입니다.

295

colony
[káləni]

명 식민지
• The country was a colony hundreds of years ago.
  그 나라는 수 백 년 전에 **식민지**였다.

296

drown
[draun]

동 익사하다
• A child drowned after falling into the river.
  어떤 아이가 강물에 빠져 **익사**했다.

297

abuse
[əbjú:z]

동 남용하다 명 [əbú:s] 남용, 학대
• What she did was an abuse of her position as manager. 그녀가 한 짓은 매니저의 직책을 **남용한 행위**였다.

298

fellow
[félou]

명 친구, 동료
• He lunches with his fellow workers each day.
  그는 매일 **동료** 직원들과 점심을 함께 먹는다.

299

professor
[prəfésər]

명 교수
• I have to hand it in to the professor today.
  나는 그걸 오늘 **교수**님께 제출해야 해.

300

margin
[má:rdʒin]

명 차이, 여백
• He won by a wide margin. 그는 많은 **표차이**로 이겼다.

A. 다음 낱말의 우리말 뜻을 쓰시오.

1. omit _____
2. proceed _____
3. industry _____
4. manufacture _____
5. abuse _____
6. stable _____

7. cultivate _____
8. professor _____
9. feature _____
10. absolute _____
11. abandon _____
12. colleague _____

B. 우리말과 같은 뜻의 영어 낱말을 쓰시오.

1. 친구 _____
2. 차이 _____
3. 식민지 _____
4. 처리하다 _____
5. 싼 물건 _____
6. 입구 _____

7. 폭력적인 _____
8. 도전하다 _____
9. 농작물 _____
10. 망치다 _____
11. 사적인 _____
12. 공식적인 _____

C. 다음 우리말과 뜻이 같도록 문장을 완성하시오.

1. 인생에 있어서 어려운 것은 선택이다.

   = The _____ in life is the choice.

2. 나는 설명서를 꼼꼼히 들여다보지 않았다.

   = I didn't look into the _____ hard enough.

3. 한 아이가 강물에 빠져 익사했다.

   = A child _____ after falling into the river.

4. 좋은 결과로 당신한테 보답할게요.

   = I will _____ you with my good result.

5. 그 미술관은 입장료가 없다.

   = There is no entrance _____ to the gallery.

6. 나는 개인적인 질문에 대답할 시간이 없다.

   = I have no time to answer _____ questions.

45

Day 011

● **Preview Check** 오늘 학습할 낱말입니다. 이미 자신이 알고 있는 낱말에 ✔해 봅시다.

☐ stage ☐ rival ☐ profit ☐ earnest ☐ fierce
☐ trousers ☐ stand ☐ trunk ☐ inform ☐ infer
☐ basic ☐ truth ☐ risk ☐ organize ☐ oppose
☐ academic ☐ combine ☐ eager ☐ infect ☐ command
☐ dynamic ☐ cure ☐ mass ☐ opportunity ☐ promote
☐ curly ☐ marry ☐ acceptable ☐ stain ☐ access

수능 출제 랭킹 Basic

301

stage
[steidʒ]

몡 ① 단계 ② 시기 ③ 무대
● The product is at the design stage.
그 상품은 디자인 단계에 있다.

302

trousers
[tráuzərz]

몡 바지
● a pair of black trousers 검은색 바지 한 벌

303

basic
[béisik]

혱 기본적인, 주요한
● Tell me the basic rules of this game.
이 경기의 기본적인 규칙들을 제게 말해주세요.

304

academic
[ækədémik]

혱 학문적인, 학교의 → academy 몡
● He laid his studies before the academic world.
그는 학계에 연구를 발표했다.

305

dynamic
[dainǽmik]

혱 역동적인, 활발한
● His dance is active and dynamic.
그의 춤은 활동적이고 역동적이다.

306

curly
[kə́ːrli]

혱 곱슬곱슬한 → curl 통 곱슬곱슬하게 하다
● curly hair 곱슬곱슬한 머리

307

rival
[ráivəl]

몡 경쟁자, 경쟁 상대
● It's a shame that I lost to my rival.
나는 나의 경쟁자에게 진 것이 수치이다.

308 **stand**
[stænd]

동 stood - stood ① 서다 반 sit ② 참다 명 관중석, 가판대
● I can't stand this cold weather.
나는 이렇게 추운 날씨를 견딜 수가 없다.

309 **truth**
[tru:θ]

명 진실 → true 형 진실한
● Please tell me the truth about the accident.
그 사건에 대해 진실을 저에게 말씀해주세요.

Intermediate

310 **combine**
[kəmbáin]

동 결합하다 명 합동
● Hydrogen and oxygen combine to form water.
수소와 산소가 결합하여 물을 생성한다.
*combine A with B A를 B와 결합하다

311 **cure**
[kjuər]

동 치유하다, 낫게 하다
● The doctor cured her of her disease.
그 의사는 그녀의 병을 낫게 했다.
*cure A of B A에게서 B를 낫게 하다

312 **marry**
[mǽri]

동 결혼하다 → marriage 명 결혼
● He didn't want to marry her.
그는 그녀와 결혼하고 싶지 않았다.

313 **profit**
[práfit]

명 이익
● The company made a big profit last year.
그 회사는 작년에 큰 이익을 얻었다.

314 **trunk**
[trʌŋk]

명 ① 나무줄기 ② 코끼리의 코 ③ 큰 여행 가방
● The man is pulling the trunk to his car.
남자가 자기 차 있는 쪽으로 큰 가방을 끌고 가고 있다.

315 **risk**
[risk]

명 위험 동 위험을 무릅쓰다
● He risked his life to save her.
그는 그녀를 구하기 위해 자기 목숨을 걸었다.

316 **eager**
[íːgər]

형 간절히 바라는, 열심인
● I am eager to meet him and talk to him.
나는 그와 만나서 대화하기를 간절히 원한다.

317 **mass**
[mæs]

형 대량의 명 ① 다수, 다량 ② 덩어리 → massive 형 거대한
● mass production 대량 생산

318 **acceptable**
[ækséptəbl]

형 용인되는, 허용할 수 있는 → accept 동 수락하다
● That kind of attitude is simply not acceptable.
그런 태도는 전혀 받아들여질 수가 없다.

319

earnest
[ə́:rnist]

형 성실한, 열심인
- Paul is an earnest worker. Paul은 성실한 직원이다.

320

inform
[infɔ́:rm]

동 알리다, 통지하다(of)
- Why didn't you inform me first.
  왜 나에게 먼저 알리지 않았어?

321

organize
[ɔ́:rgənàiz]

동 조직하다 (=organise) → organization 명
- We organized a new club. 우리는 새 동아리를 조직했다.

 Advanced

322

infect
[infékt]

동 감염시키다, 오염시키다 → infection 명
- A single mosquito can infect a number of people.
  한 마리의 모기가 많은 사람들을 감염시킬 수 있다.

323

opportunity
[àpərtjú:nəti]

명 기회
- I have no opportunity to travel abroad.
  나는 외국 여행을 할 기회가 전혀 없다.

324

stain
[stein]

명 얼룩 동 얼룩지다
- This carpet stains easily. 이 카펫은 잘 더러워진다.

325

fierce
[fiərs]

형 사나운, 험악한
- He suddenly looked fierce. 그가 갑자기 험상궂은 표정을 했다.

326

infer
[infɔ́:r]

동 추론하다, 암시하다 → inference 명
- What can be inferred about Nancy?
  Nancy에 대해 추론할 수 있는 것은?

327

oppose
[əpóuz]

동 반대하다 → opposite 형 맞은편의, opposition 명
- I would oppose changing the law.
  나는 그 법률 개정에 반대하겠다.

328

command
[kəmǽnd]

명 명령, 지휘 동 명령하다, 지시하다
- Who is in command here? 여기는 누가 통솔하고 있나요?

329

promote
[prəmóut]

동 촉진하다, 홍보하다 → promotion 명
- We can promote our health through a good diet.
  우리는 양질의 식사로 건강을 증진할 수 있다.

330

access
[ǽkses]

명 접근, 접촉 동 접속하다
- The police gained access through a broken window.
  경찰은 깨진 유리창을 통해 들어갔다.

A. 다음 낱말의 우리말 뜻을 쓰시오.

1. infect _____   7. oppose _____
2. combine _____   8. opportunity _____
3. trousers _____   9. access _____
4. marry _____   10. promote _____
5. academic _____   11. rival _____
6. dynamic _____   12. command _____

B. 우리말과 같은 뜻의 영어 낱말을 쓰시오.

1. 무대 _____   7. 열심인 _____
2. 이익 _____   8. 큰 여행 가방 _____
3. 기본적인 _____   9. 참다 _____
4. 곱슬곱슬한 _____   10. 성실한 _____
5. 얼룩 _____   11. 조직하다 _____
6. 위험 _____   12. 알리다 _____

C. 다음 우리말과 뜻이 같도록 문장을 완성하시오.

1. 눈 덩어리가 산 아래로 굴러 떨어졌다.
   = A _____ of snow fell down the mountain.
2. 그는 갑자기 사나운 표정을 했다.
   = He suddenly looked _____.
3. Nancy에 대해 추론할 수 있는 것은?
   = What can be _____ about Nancy?
4. 그 사건에 대해 진실을 말씀해주세요.
   = Please tell me the _____ about the accident.
5. 그 의사는 그녀의 병을 낫게 했다.
   = The doctor _____ her of her disease.
6. 그런 태도는 전혀 받아들여질 수 없다.
   = That kind of attitude is simply not _____.

Day 12

● **Preview Check** 오늘 학습할 낱말입니다. 이미 자신이 알고 있는 낱말에 ✔해 봅시다.

☐ regret	☐ undergo	☐ unique	☐ orient	☐ efficient
☐ reflect	☐ duty	☐ conclusion	☐ innocent	☐ flame
☐ bathe	☐ standard	☐ ultimate	☐ firm	☐ initial
☐ tool	☐ stare	☐ rid	☐ accommodate	☐ commit
☐ rob	☐ twist	☐ effective	☐ accurate	☐ current
☐ status	☐ economy	☐ mature	☐ accompany	☐ financial

수능 출제 랭킹

Basic

331

regret
[rigrét]

圐 후회하다　圀 유감, 후회
● I deeply regret what I said.
　나는 내가 한 말을 깊이 후회한다.

332

reflect
[riflékt]

圐 비추다, 반사하다 → reflection 圀
● The trees are clearly reflected in the lake.
　나무들이 호수에 뚜렷하게 비치고 있다.

333

bathe
[beið]

圐 씻다, 목욕하다 → bath 圀 목욕
● I bathe every day.　나는 매일 목욕을 한다.

334

tool
[tu:l]

圀 연장, 도구
● A bad workman finds fault with his tools.
　서투른 일꾼이 연장만 나무란다.

335

rob
[rɑb]

圐 강탈하다, 도둑질하다 → robber 圀 강도
● He robbed people of their money.
　그는 사람들을 속여 돈을 빼앗았다.

336

status
[stéitəs]

圀 신분, 지위
● They want to have legal status.
　그들은 합법적 지위를 갖기 원한다.

337

undergo
[ʌndərgóu]

圐 겪다, 받다
● I will undergo a test to get promotion.
　나는 승진하기 위하여 테스트를 받을 것이다.

50

338

duty
[djúːti]

명 의무, 임무
- It is my duty to report it to the police.
  그것을 경찰에 알리는 건 내 임무이다.

339

standard
[stǽndərd]

명 표준, 수준, 기준
- Their standard of living is quite high.
  그들의 생활 수준은 꽤 높다.

Intermediate

340

stare
[stɛər]

동 쳐다보다, 응시하다
- Why do people stare at you? 왜 사람들이 당신을 쳐다보나요?

341

twist
[twist]

동 구부리다, 비틀다
- His face was twisted with pain. 그의 얼굴은 고통으로 일그러졌다.

342

economy
[ikάnəmi]

명 경제 → economic 형 경제의
- The oil price increase shocked the Korean economy.
  원유 가격의 인상은 한국 경제에 충격을 주었다.

343

unique
[juːníːk]

형 유일무이한, 독특한 유 special
- This custom is unique to Korea.
  이 관습은 한국에서 독특하다.

344

conclusion
[kənklúːʒən]

명 결론, 결말 → conclude 동 결론을 내리다
- At last we arrived at this conclusion.
  마침내 우리는 이 결론에 도달했다.

345

ultimate
[ʌ́ltəmət]

형 ① 궁극적인, 최후의 ② 최고의 → ultimately 부 결국
- Peace was the ultimate goal of the meeting.
  평화가 그 회담의 궁극적인 목표였다.

346

rid
[rid]

동 없애다, 제거하다
- I am going to get rid of my old car.
  내 낡은 차를 처분하려고 한다.

347

effective
[iféktiv]

형 효과적인 → effect 명 효과, 결과
- I should take effective steps to solve the problem.
  나는 그 문제를 해결하려고 효과적인 조치들을 취해야 한다.

348

mature
[mətjúər]

형 성숙한 동 성숙하다
- Jane is very mature for her age.
  Jane은 나이에 비해 아주 어른스럽다.

349

orient
[ɔ́ːriənt]

동 지향하게 하다 명 동양 → oriental 형 동양의, orientation 명 방향
- Neither of them is politically oriented.
  그들은 두 사람 다 정치 지향적이 아니다.

350

innocent
[ínəsənt]

형 순결한, 죄 없는 반 guilt 유죄의 → innocence 명
- He insisted that he was innocent.
  그는 자신이 결백하다고 주장했다.

351

firm
[fəːrm]

형 단단한, 확실한 명 회사
- I want to work for this firm.
  나는 이 회사에서 일하고 싶다.

수능
출제
랭킹

Advanced

352

accommodate
[əkámədèit]

동 ① 수용하다, 숙박시키다 ② 적응시키다
- This hotel can't accommodate us tonight.
  이 호텔은 오늘 밤 우리를 숙박시킬 수 없다.

353

accurate
[ǽkjurət]

형 정확한 → accuracy 명
- My watch is not very accurate.
  내 시계는 별로 정확하지 못하다.

354

accompany
[əkʌ́mpəni]

동 동반하다, 동행하다
- His wife accompanied him on the trip.
  그 여행에는 그의 아내가 그와 동행했다.

355

efficient
[ifíʃənt]

형 능률적인, 효율적인 → efficiency 명
- We must focus on the efficient use of gas.
  우리는 가스의 효율적인 사용에 집중해야 한다.

356

flame
[fleim]

명 불길, 불꽃
- Everything went up in flames.
  모든 것이 불길 속에 타 버렸다.

357

initial
[iníʃəl]

형 처음의 명 머리글자
- Just write your initials.
  당신 이름의 머리글자들만 쓰세요.

358

commit
[kəmít]

동 범하다, 저지르다
- He didn't commit the crime himself.
  그는 자신이 직접 범행을 저지르지 않았다.

359

current
[kə́ːrənt]

형 현재의, 지금의
- The current fashions look strange to me.
  현대 패션은 나에겐 이상하게 보인다.

360

financial
[finǽnʃəl]

형 재정의, 금융의 → finance 명
- New York are major financial centers.
  뉴욕은 주요 금융 중심지이다.

A. 다음 낱말의 우리말 뜻을 쓰시오.

1. status _____
2. innocent _____
3. accurate _____
4. accompany _____
5. ultimate _____
6. effective _____

7. efficient _____
8. reflect _____
9. current _____
10. financial _____
11. economy _____
12. accommodate _____

B. 우리말과 같은 뜻의 영어 낱말을 쓰시오.

1. 도구 _____
2. 강탈하다 _____
3. 겪다 _____
4. 의무 _____
5. 표준 _____
6. 결론 _____

7. 불길 _____
8. 성숙한 _____
9. 목욕하다 _____
10. 후회하다 _____
11. 독특한 _____
12. 범하다 _____

C. 다음 우리말과 뜻이 같도록 문장을 완성하시오.

1. 당신 이름의 머리글자들만 쓰세요.

   = Just write your _____.

2. 나는 이 회사에서 일하고 싶다.

   = I want to work for this _____.

3. 내 낡은 차를 처분하려고 한다.

   = I am going to get _____ of my old car.

4. 왜 사람들이 당신을 쳐다보나요?

   = Why do people _____ **at you?**

5. 그의 얼굴은 고통으로 일그러졌다.

   = His face was _____ with pain.

6. 그들은 두 사람 다 정치 지향적이 아니다.

   = Neither of them is politically _____ .

Day13

● **Preview Check** 오늘 학습할 낱말입니다. 이미 자신이 알고 있는 낱말에 ✔해 봅시다.

☐ romantic	☐ beast	☐ maximum	☐ forbid	☐ protest
☐ steady	☐ recycle	☐ meantime	☐ inquire	☐ beard
☐ steel	☐ element	☐ injure	☐ outline	☐ comparison
☐ account	☐ otherwise	☐ rough	☐ prospect	☐ outcome
☐ bean	☐ mayor	☐ unify	☐ companion	☐ provision
☐ curve	☐ propose	☐ mechanic	☐ flesh	☐ compensate

A. Basic

361

romantic
[roumǽntik]

형 낭만적인 → romance 명
● I wish you'd be more romantic.
나는 당신이 좀 더 **낭만적**이었으면 좋겠어요.

362

steady
[stédi]

형 꾸준한
● Slow and steady wins the game.
천천히 그리고 **꾸준히** 하면 이긴다.

363

steel
[sti:l]

명 강철
● This thing is made of steel. 이건 강철로 만들었다.

364

account
[əkáunt]

명 ① 계좌 ② 설명
● I don't have a bank account. 나는 은행 계좌가 없다.

365

bean
[bi:n]

명 콩
● I bought some coffee beans. 나는 커피콩을 조금 샀다.

366

curve
[kə:rv]

명 곡선 통 곡선을 이루다
● The road curved around the bay.
그 도로는 만을 따라 **곡선을 이루고** 있었다.

367

beast
[bi:st]

명 짐승, 야수
● He is half man and half beast. 그는 반인반수의 존재이다.

368

recycle
[ri:sáikl]

통 재활용하다
● We must recycle used things.
우리는 중고품들을 **재활용**해야한다.

369

element
[éləmənt]

몡 ① 요소 ② 기본 → elementary 혱 기초의
- He taught me the elements of map-reading.
  그가 내게 지도 보기의 기본을 가르쳐 주었다.

Intermediate

370

otherwise
[ʌ́ðərwàiz]

뭐 그렇지 않으면
- Close the window, otherwise it'll get too cold.
  창문 닫아. 그렇지 않으면 너무 추워질 거야.

371

mayor
[méiər]

몡 시장
- the Mayor of New York 뉴욕 시장

372

propose
[prəpóuz]

동 ① 제안하다 ② 청혼하다 → proposal 몡
- He proposed a change in the schedule.
  그는 일정의 변경을 제안했다.

373

maximum
[mǽksəməm]

몡 최고, 최대 혱 최대의 뵌 minimum 최소(의)
- The bus can carry a maximum of 40 people.
  그 버스는 최대한 40명을 태울 수 있다.

374

meantime
[mi:ntáim]

뭐 그 동안에 몡 그 동안 동 meanwhile
- Our house isn't finished so in the meantime we're living with my mother.
  우리 집은 완성되지 않기 때문에 그 동안 우리는 어머니와 함께 살고 있다.

375

injure
[índʒər]

동 다치게 하다, 부상을 입히다 동 hurt
- He was injured yesterday. 그는 어제 부상을 입었다.

376

rough
[rʌf]

혱 거친, 대강의
- The skin on her hands was hard and rough.
  그녀의 손은 피부가 딱딱하고 거칠었다.

377

unify
[jú:nəfài]

동 통일하다, 통합하다
- We hope to unify the country.
  우리는 그 국가의 통일을 바란다.

378

mechanic
[məkǽnik]

몡 기계공, 정비사
- Ella is a fine mechanic. 엘라는 훌륭한 기계공이다.

379

forbid
[fərbíd]

동 forbade - forbidden 금지하다
- My doctor has forbidden me sugar.
  의사가 내게 설탕을 못먹게 했다.

380

inquire
[inkwáiər]

동 묻다, 조사하다
- I will inquire how to get there.
  그곳에 어떻게 가는지 물어봐야겠다.

outline
[áutlàin]

몡 윤곽, 개요 퉝 윤곽을 그리다
- This is a outline of the event.
  이것이 그 사건에 대한 개요입니다.

Advanced

prospect
[práspekt]

몡 가능성, 전망 → prospective 혱 유망한
- There is no immediate prospect of peace.
  즉시 평화가 찾아올 가망은 없다.

companion
[kəmpǽnjən]

몡 동반자, 동행, 친구
- My only companion is a little cat.
  내 유일한 동반자는 작은 고양이예요.

flesh
[fleʃ]

몡 살, 고기
- Tigers are flesh-eating animals.
  호랑이는 육식 동물이다.

protest
[próutest]

퉝 항의하다, 반대하다 몡 항의, 반대
- I intend to protest the decision.
  나는 그 결정에 반대할 작정이다.

beard
[biərd]

몡 턱수염
- He had a long beard then.
  그는 그때 긴 턱수염을 기르고 있었다.

comparison
[kəmpǽrisn]

몡 비교 → compare 퉝 비교하다
- This is no comparison between them.
  그들 사이에는 비교의 여지가 없다.

outcome
[áutkÀm]

몡 결과
- The outcome is expected to be different this time.
  이번에는 그 결과가 다를 것으로 예상된다.

provision
[prəvíʒən]

몡 제공, 대비 → provide 퉝 공급하다
- You should make provision for things going wrong.
  사태가 잘못될 경우에 대한 대비를 해야 한다.

compensate
[kámpənsèit]

퉝 보상하다
- He promised to compensate me for my loss.
  그는 내 손해를 보상하기로 약속했다.

Review Check 13

A. 다음 낱말의 우리말 뜻을 쓰시오.

1. account _____
2. romantic _____
3. meantime _____
4. comparison _____
5. propose _____
6. compensate _____

7. maximum _____
8. companion _____
9. element _____
10. mechanic _____
11. outcome _____
12. provision _____

B. 우리말과 같은 뜻의 영어 낱말을 쓰시오.

1. 콩 _____
2. 강철 _____
3. 곡선 _____
4. 꾸준한 _____
5. 시장 _____
6. 거친 _____

7. 전망 _____
8. 턱수염 _____
9. 짐승 _____
10. 금하다 _____
11. 개요 _____
12. 재활용하다 _____

C. 다음 우리말과 뜻이 같도록 문장을 완성하시오.

1. 뜨거운 다리미에 살을 데었다.

   = A hot iron burned my _____.

2. 나는 그 결정에 반대할 작정이다.

   = I intend to _____ the decision.

3. John은 그 사고에서 부상을 입었다.

   = John was _____ in the accident.

4. 그곳에 어떻게 가는지 물어봐야겠다.

   = I will _____ how to get there.

5. 사람들은 국가를 통일시키기를 희망한다.

   = People hope to _____ the country.

6. 창문을 닫아. 그렇지 않으면 너무 추워질 거야.

   = Close the window, _____ it'll get too cold.

Day14

● **Preview Check** 오늘 학습할 낱말입니다. 이미 자신이 알고 있는 낱말에 ✔해 봅시다.

☐ identify   ☐ unit   ☐ competition   ☐ overseas   ☐ camel
☐ foundation   ☐ insist   ☐ ruin   ☐ eliminate   ☐ beat
☐ knock   ☐ furthermore   ☐ accuse   ☐ union   ☐ merchant
☐ fundamental   ☐ psychology   ☐ stem   ☐ organization   ☐ formal
☐ unless   ☐ everywhere   ☐ generous   ☐ output   ☐ funeral
☐ silently   ☐ straight   ☐ behalf   ☐ framework   ☐ beetle

수능 출제 랭킹

Basic

391

identify
[aidéntəfai]

동 ~임을 확인하다, 알아보다
● Many people identified with me.
많은 사람들이 나를 알아봤다.

392

silently
[sáiləntli]

부 말 없이, 조용히
● They marched silently through the streets.
그들은 아무 말 없이 거리를 행진했다.

393

everywhere
[évriwɛər]

부 어디든지
● He follows me everywhere.
그는 나를 어디나 따라다닌다.

394

stem
[stem]

명 줄기
● Korea used to lead the world's stem cell race.
한국은 세계 줄기 세포 연구를 주도해 왔다.

395

union
[júːniən]

명 연합
● the European Union   유럽 연합

396

beat
[biːt]

동 beat - beaten ① 이기다 ② 때리다 명 박자
● We beat that team by 8 to 7.   우리는 8 : 7로 그 팀을 이겼다.

397

camel
[kǽməl]

명 낙타
● If you need another camel, I'll bring it for you!
만약 당신이 다른 낙타가 필요하시다면, 제가 가져다 드릴게요!

398

beetle
[bíːtl]

명 딱정벌레
- Then I've been as blind as the beetle.
  그리고 나서 나는 **딱정벌레**처럼 눈이 멀어버린 채로 지냈어.

Intermediate

399

foundation
[faundéiʃən]

명 ① 토대 ② 재단
- This house is built on a firm foundation.
  이 집은 **토대**가 튼튼하다.

400

unit
[júːnit]

명 구성 단위
- The basic unit of society is the family.
  사회의 기본 **구성 단위**는 가족이다.

401

straight
[streit]

형 똑바른 부 똑바로
- a straight road 직선 도로

402

generous
[dʒénərəs]

형 ① 관대한 ② (돈 등을) 잘 쓰는
- It is most generous of you to forgive me.
  너그럽게 용서하여 주신 것을 감사드립니다.

403

organization
[ɔ̀ːrɡənizéiʃən]

명 단체
- He's the president of a large international
  organization. 그는 대규모 국제 **단체**의 회장이다.

404

merchant
[mə́ːrtʃənt]

명 상인
- The merchant has a large staff of clerk.
  그 **상인**은 많은 점원을 거느리고 있다.

405

knock
[nɑk]

동 두드리다, 치다 명 두드리는 소리
- Someone knocked me on the head.
  누군가가 나의 머리를 쳤다.

406

insist
[insíst]

동 주장하다
- He insists that she should come.
  그는 그녀가 와야 한다고 **주장한다**.

407

competition
[kɑ̀mpətíʃən]

명 대회 → compete 동 경쟁하다
- This school used to win that competition every year.
  이 학교는 매년 그 **대회**에서 이기곤 했었다.

408

behalf
[bihǽf]

명 ① 자기편 ② 이익
- I'm here on behalf of my company.
  저는 저희 회사를 **대표해** 이 자리에 나왔습니다.

409

output
[áutpùt]

명 생산량
- Manufacturing output has increased by 7%.
  제조업 부문의 **생산량**이 7% 증가했다.

수능출제랭킹

Advanced

410

formal

[fɔ́ːrməl]

⟨형⟩ ① 공식적인, 격식을 차린 ② 형식적인
- I don't need a formal response.
  나는 형식적인 대답은 필요 없다.

411

fundamental

[fʌ̀ndəméntl]

⟨형⟩ 근본적인, 기초적인, 기본적인
- Education is a fundamental human right.
  교육은 기본 인권이다.

412

furthermore

[fə́ːrðərmɔ̀ːr]

⟨부⟩ 더욱이, 게다가
- Furthermore, we should avoid double standards.
  게다가, 우린 이중 잣대를 피해야 한다.

413

ruin

[rúːin]

⟨동⟩ 망치다, 폐허로 만들다
- The crops have been ruined by the storm.
  농작물은 폭풍우로 인해서 형편없이 황폐되었다.

414

overseas

[òuvərsíːz]

⟨부⟩ 해외에서
- I was offered a job overseas.
  나는 해외에서 입사 제의를 받았다.

415

framework

[fréimwə̀ːrk]

⟨명⟩ 틀, 체계
- We need a change of framework.
  우리는 체계의 변화가 필요하다.

416

funeral

[fjúːnərəl]

⟨명⟩ 장례식
- Hundreds of people attended the funeral.
  수백 명의 사람들이 그 장례식에 참석했다.

417

unless

[ənlés]

⟨접⟩ ~하지 않는 한, ~하지 않다면
- I will be there unless it rains.
  비가 오지 않는 한, 저는 가겠습니다.

418

psychology

[saikáləʤi]

⟨명⟩ 심리학
- I am very interested in psychology.
  저는 심리학에 관심이 아주 많아요.

419

accuse

[əkjúːz]

⟨동⟩ 비난하다
- I don't want to just accuse her.
  저는 그녀를 단지 비난하는 것을 바라지 않아요.

420

eliminate

[ilímənèit]

⟨동⟩ 없애다, 제거하다
- Credit cards eliminate the need to carry a lot of cash. 신용 카드는 많은 현금을 가지고 다닐 필요성을 없앴다.

A. 다음 낱말의 우리말 뜻을 쓰시오.

1. organization   _____
2. beat   _____
3. straight   _____
4. silently   _____
5. everywhere   _____
6. behalf   _____

7. competition   _____
8. furthermore   _____
9. overseas   _____
10. framework   _____
11. ruin   _____
12. funeral   _____

B. 우리말과 같은 뜻의 영어 낱말을 쓰시오.

1. 줄기   _____
2. 확인하다   _____
3. 두드리다   _____
4. 조합   _____
5. 주장하다   _____

6. 생산량   _____
7. 구성 단위   _____
8. 근본적인   _____
9. 심리학   _____
10. 비난하다   _____

C. 다음 우리말과 뜻이 같도록 문장을 완성하시오.

1. 베니스는 과거 한때 부유한 상인들의 도시였다.

   = Venice was once a city of rich _____.

2. 그 식사는 격식을 차리는 행사였다.

   = The dinner was a _____ affair.

3. 사랑이란 단단한 토대 위에 세워진 관계이다.

   = Love is a relationship built on a firm _____.

4. 우리 두 사람 몫을 다 내어 주겠다고 하다니 그는 후하기도 한 사람이었다.

   = It was _____ of him to offer to pay for us both.

5. 더 빨리 걷지 않으면 버스를 놓칠라.

   = You'll miss the bus _____ you walk more quickly.

6. 딱정벌레도 어미 눈에는 아름답다.

   = The _____ is a beauty in the eyes of its mother.

Day 15

● **Preview Check** 오늘 학습할 낱말입니다. 이미 자신이 알고 있는 낱말에 ✔해 봅시다.

☐ candle	☐ graduation	☐ pure	☐ sacrifice	☐ acid
☐ struggle	☐ belief	☐ fright	☐ unite	☐ pan
☐ government	☐ generate	☐ mediate	☐ charcoal	☐ invade
☐ honor	☐ precious	☐ dessert	☐ injury	☐ salary
☐ pupil	☐ celadon	☐ acquire	☐ handicapped	☐ accustom
☐ alien	☐ purchase	☐ mend	☐ rural	☐ inevitable

수능출제랭킹 A. Basic

421

candle
[kǽndl]

명 양초
● light a candle 촛불을 켜다

422

alien
[éiljən]

명 외국인, 외계인　형 외국의
● I didn't say he was an alien.
나는 그가 외계인이라고 말하지 않았다.

423

celadon
[sélədàn]

명 청자
● Goryeo celadon has a very high artistic value.
고려 청자는 예술적으로 가치가 매우 높다.

424

dessert
[dizə́ːrt]

명 후식
● What's for dessert? 디저트가 뭐예요?

425

charcoal
[tʃɑ́rkòul]

명 숯
● Charcoal is used to filter water.
숯은 물을 여과하는 데 쓰인다.

426

pan
[pæn]

명 냄비
● Heat a frying pan and add some oil.
프라이팬을 달군 후 기름을 조금 넣어라.

427

struggle
[strʌ́gl]

동 싸우다, 투쟁하다, 몸부림치다
● He struggled to his feet.
그는 발버둥 치며 일어서려 했다.

428

graduation
[gr`ædʒuéiʃən`]

명 졸업(식)
- My whole family came to my graduation.
  내 졸업식에 우리 가족이 모두 왔다.

 수능 출제 랭킹

Intermediate

429

purchase
[pə́ːrtʃəs]

동 ① 구입하다 ② 쟁취하다 명 구입
- They purchased freedom with blood.
  피를 흘려 자유를 얻었다.

430

acquire
[əkwáiər]

동 얻다, 습득하다
- Children acquire a foreign language rapidly.
  어린이들은 외국어를 빨리 배운다.

431

injury
[índʒəri]

명 상해, 손상
- There were no injuries in the crash.
  그 충돌 사고로 다친 사람은 없었다.

432

invade
[invéid]

동 침입하다
- The enemy invaded our country.
  적은 우리나라에 침입해 들어왔다.

433

government
[gʌ́vərnmənt]

명 정부
- She has resigned from the Government.
  그녀는 정부에서 물러났다.

434

belief
[bilíːf]

명 믿음, 신념
- I have belief in her ability.
  나는 그녀의 능력에 대한 믿음이 있다.

435

pure
[pjuər]

형 깨끗한, 순수한
- The air was sweet and pure.
  공기는 달콤하고 깨끗했다.

436

mend
[mend]

동 고치다, 수리하다
- Could you mend my bicycle for me?
  제 자전거 좀 고쳐 주시겠어요?

437

handicapped
[hǽndikæpt]

형 장애가 있는
- The accident left him physically handicapped.
  그 사고로 인해 그는 신체 장애인이 되었다.

438

salary
[sǽləri]

명 월급
- What salary does he get?
  그는 봉급을 얼마 받고 있습니까?

439

honor
[ánər]

명 명예
- I give you my word of honor. 내 명예를 걸고 너에게 약속한다.

 Advanced

440

generate
[dʒénərèit]

동 만들어 내다, 야기하다
- A sensation was generated by his speech.
  그의 연설로 파문이 일었다.

441

fright
[frait]

명 놀람 → frightened 동 놀라게 하다
- He was trembling with fright. 그는 무서워서 떨고 있었다.

442

sacrifice
[sǽkrəfàis]

명 희생 동 희생하다
- Her parents made sacrifices for her.
  그녀의 부모님은 그녀를 위해 희생을 하셨다.

443

rural
[rúərəl]

형 시골의, 지방의
- He has a romantic view of rural society.
  그는 농촌 사회에 대해 낭만적인 견해를 갖고 있다.

444

accustom
[əkʌ́stəm]

동 익히다, 익숙해지다 (to)
- I am accustomed to getting up early.
  나는 일찍 일어나는데 익숙하다.

445

pupil
[pjú:pl]

명 학생
- She teaches only private pupils.
  그녀는 개인 교습생들만 가르친다.

446

precious
[préʃəs]

형 값비싼, 귀중한
- The painting was very precious to her.
  그 그림은 그녀에게 매우 소중한 것이었다.

447

mediate
[mí:dièit]

동 조정하다, 해결하다
- They mediated a settlement.
  그들은 화해를 이뤄 냈다.

448

unite
[ju:náit]

동 연합하다, 일체가 되다
- unite two families by marriage 결혼으로 양가를 맺다

449

acid
[ǽsid]

명 산 형 신맛이 나는
- acid fruits 신맛이 나는 과일

450

inevitable
[inévətəbl]

형 피할 수 없는 명 불가피한 것
- Death is inevitable. 죽음은 피할 수 없다.

A. 다음 낱말의 우리말 뜻을 쓰시오.

1. government _____
2. invade _____
3. handicapped _____
4. honor _____
5. generate _____
6. mediate _____

7. dessert _____
8. fright _____
9. pure _____
10. alien _____
11. struggle _____
12. inevitable _____

B. 우리말과 같은 뜻의 영어 낱말을 쓰시오.

1. 양초 _____
2. 학생 _____
3. 익히다 _____
4. 청자 _____
5. 희생 _____
6. 믿음 _____

7. 숯 _____
8. 구입 _____
9. 값비싼 _____
10. 연합하다 _____
11. 신맛이 나는 _____
12. 시골의 _____

C. 다음 우리말과 뜻이 같도록 문장을 완성하시오.

1. 이 셔츠는 100% 순면이다.
   = These shirts are 100% _____ cotton.
2. 나는 졸업식 다음날 떠난다.
   = I leave the day after _____.
3. 고구마와 물을 넣고 뚜껑을 닫은 다음 끓인다.
   = Add sweet potatoes, cover _____ and bring water to boil.
4. 두 명의 선수가 부상으로 그 팀에서 빠졌다.
   = Two players are out of the team because of _____.
5. 아빠는 차를 수리하고 계신다.
   = My father is _____ his car.
6. 그는 매달 기본 급여를 받는다.
   = He gets a basic _____ every month.

Day 16

● **Preview Check** 오늘 학습할 낱말입니다. 이미 자신이 알고 있는 낱말에 ✔해 봅시다.

☐ manager	☐ collection	☐ urban	☐ govern	☐ adequate
☐ closet	☐ pursue	☐ indeed	☐ genuine	☐ cabbage
☐ universe	☐ demand	☐ concept	☐ blink	☐ straw
☐ variety	☐ mess	☐ carnival	☐ whether	☐ bold
☐ beneath	☐ shiny	☐ decay	☐ robbery	☐ publication
☐ friendship	☐ decade	☐ strategy	☐ earby	☐ seal

Basic

451

manager
[mǽnidʒər]

명 경영자, 운영자 → manage 동 ~해내다, 처리하다
● We need to talk to the manager. 점장에게 말해야겠어.

452

friendship
[fréndʃip]

명 교우 관계, 우정
● Our relationship is based on friendship.
우리 관계는 우정에 기초하고 있다.

453

shiny
[ʃáini]

형 빛나는
● That shiny thing is a mirror. 저 빛나는 것은 거울이다.

454

carnival
[káːrnəvəl]

명 축제
● There is a local carnival every year. 매년 지역 축제가 있다.

455

blink
[bliŋk]

동 눈을 깜박이다
● She blinked at the sudden light.
그녀는 갑자기 빛을 쏘여서 눈을 깜박거렸다.

456

cabbage
[kǽbidʒ]

명 양배추
● I am fond of cabbage. 양배추를 좋아한다.

457

closet
[klázit]

명 벽장
● The broom closet is that way. 빗자루 장은 저 쪽이다.

458

collection
[kəlékʃən]

명 수집, 소장품 → collect 동 모으다
● The painting comes from his private collection.
그 그림은 그의 개인 소장품에서 나온 것이다.

459

decade
[dikéid]

명 10년
- A new decade stretches before us.
  새로운 10년이 우리 앞에 펼쳐지고 있다.

460

decay
[dikéi]

명 ① 부패, 부식 ② 쇠퇴　동 부패하다
- You have lots of tooth decay. 당신은 충치가 많아요.

461

whether
[wéðər]

접 ~인지 아닌지
- Tell me whether he is at home.
  그가 집에 있는지 없는지 말해 주세요.

462

straw
[strɔ:]

명 ① 짚 ② 빨대
- The man is drinking with a straw.
  남자가 빨대를 이용해 마시고 있다.

463

universe
[júːnəvə́:rs]

명 우주
- He lives in a little universe of his own.
  그는 자기만의 작은 우주 속에서 산다.

464

pursue
[pərsú:]

동 ① 추적하다 ② 추구하다
- We intend to pursue this policy.
  우리는 이 정책을 추진할 나갈 작정입니다.

465

urban
[ə́:rbən]

형 도시의 반 rural 시골의
- London is the UK's biggest urban zone.
  런던은 영국의 가장 큰 도시 지역이다.

466

strategy
[strǽtədʒi]

명 계획, 전략
- What is the right economic strategy?
  무엇이 올바른 경제 전략입니까?

467

robbery
[rábəri]

명 강도, 강도 사건
- There have been several robberies lately.
  요사이 몇 건의 강도 사건이 발생했다.

468

bold
[bould]

형 ① 용감한, 대담한 ② 볼드체의, 고딕체의
- Who's bold enough to do that?
  그렇게 할 만큼 누가 대담한가요?

469

variety
[vəráiəti]

명 여러 가지, 각양각색
- This tool can be used in a variety of ways.
  이 도구는 갖가지 방식으로 이용할 수 있다.

Advanced

470	**demand** [di|mǽnd]	똉 ① 요구 ② 수요 통 요구하다 • The supply cannot meet the demand. 공급이 수요를 따라가지 못한다.
471	**indeed** [indí:d]	뷔 참으로, 정말로 • He is indeed a great artist. 그는 정말로 훌륭한 예술가이다.
472	**govern** [gʌ́vərn]	통 다스리다, 통치하다 → government 똉 정부 • The king governed the country wisely. 왕은 나라를 잘 다스렸다.
473	**nearby** [nìərbái]	휑 가까운 곳의 뷔 가까운 곳에 • I sometimes meet friends in a nearby restaurant. 가끔씩 친구들과 근처 레스토랑에서 만난다.
474	**publication** [pʌbləkéiʃən]	똉 출판 • The publication of the magazine ceased with the May number. 그 잡지의 출간은 5월호로 끝났다.
475	**beneath** [biní:θ]	젠 ~ 아래에 • He considers such jobs beneath him. 그는 그런 일은 자기 수준에 안 맞는다고 생각한다.
476	**mess** [mes]	똉 뒤죽박죽, 혼잡 통 엉망으로 만들다 • Sorry about the mess. 어지럽혀서 죄송합니다.
477	**concept** [kɑ́nsept]	똉 개념 • James doesn't understand the concept of love. James는 사랑의 개념을 이해하지 못한다.
478	**genuine** [dʒénjuin]	휑 ① 진짜의 ② 진심 어린 • He made a genuine attempt to improve conditions. 그는 상황을 개선하기 위해 진심으로 애를 썼다.
479	**adequate** [ǽdikwət]	휑 충분한, 적절한 • He is adequate to the post. 그 직에 적임자이다.
480	**seal** [si:l]	통 봉하다, 날인하다 똉 도장 • The letter bore the president's seal. 그 편지에는 회장의 직인이 찍혀 있었다.

Review Check 16

A. 다음 낱말의 우리말 뜻을 쓰시오.

1. closet _____
2. decade _____
3. cabbage _____
4. urban _____
5. govern _____

6. publication _____
7. beneath _____
8. shiny _____
9. whether _____
10. manager _____

B. 우리말과 같은 뜻의 영어 낱말을 쓰시오.

1. 우주 _____
2. 용감한 _____
3. 여러 가지 _____
4. 계획 _____
5. 요구 _____
6. 정말로 _____
7. 수집 _____

8. 우정 _____
9. 눈을 깜박이다 _____
10. 부패 _____
11. 추적하다 _____
12. 가까운 곳의 _____
13. 개념 _____
14. 봉하다, 도장 _____

C. 다음 우리말과 뜻이 같도록 문장을 완성하시오.

1. 나는 강도를 신고하고 싶습니다.

   = I want to report a _____.

2. 그는 축제에서 내게 말해주었다.

   = He told me at the _____.

3. 물에 빠진 사람은 지푸라기라도 잡는다.

   = A drowning man will catch at a _____.

4. 방은 엉망이었다.

   = The room was in a _____.

5. 그는 정직한 사람이라는 인상을 준다.

   = He appears as a very _____ man.

6. 방은 작았지만 충분했다.

   = The room was small but _____.

Day 17

● **Preview Check** 오늘 학습할 낱말입니다. 이미 자신이 알고 있는 낱말에 ✔해 봅시다.

☐ lastly	☐ concerned	☐ scarcely	☐ applaud	☐ outstanding
☐ design	☐ regard	☐ motorbike	☐ acknowledge	☐ institute
☐ detective	☐ evolve	☐ contain	☐ input	☐ manage
☐ determine	☐ highlight	☐ confront	☐ initiate	☐ pump
☐ pipe	☐ shave	☐ impress	☐ inn	☐ defend
☐ collector	☐ hesitate	☐ pressure	☐ defeat	☐ inhabit

Basic

481

lastly
[lǽstli]

뷔 끝으로
● Lastly, I'd like to ask you about your plans.
마지막으로, 선생님의 계획에 대해 여쭙고 싶습니다.

482

design
[dizáin]

명 디자인 동 디자인하다
● We must design a better advertising campaign.
우리는 더 나은 광고 전략을 짜내야 한다.

483

detective
[ditéktiv]

명 탐정, 형사
● a private detective 사설 탐정

484

determine
[ditə́ːrmin]

동 결정하다
● Demand determines prices. 수요가 가격을 결정한다.

485

pipe
[paip]

명 관 동 관으로 수송하다
● Water is piped to all the houses in the village.
물은 그 마을의 모든 집에 관으로 보내지고 있다.

486

collector
[kəléktər]

명 수집가, 징수원
● He is a book collector. 그는 책 수집가이다.

487

concerned
[kənsə́ːrnd]

형 걱정하는
● I am concerned about her. 나는 그녀를 걱정한다.

488

regard
[rigáːrd]

동 ~을 …으로 여기다, 간주하다
● I regard him as my friend. 나는 그를 내 친구로 여긴다.

489

evolve
[iválv]

동 전개하다, 발전시키다
- Each school must evolve its own way of working.
  각 학교는 자기 고유의 운영 방식을 발달시켜야 한다.

490

highlight
[háilàit]

동 강조하다　명 가장 중요 부분
- The report highlights the problems facing society today.　그 보고서는 오늘날 사회가 당면한 문제들을 강조하고 있다.

491

shave
[ʃeiv]

동 면도하다　명 면도
- He shaved off his moustache.　그는 콧수염을 밀어버렸다.

492

hesitate
[hézətèit]

동 망설이다
- He hesitates at nothing.
  그는 무슨 일에도 망설이지 않는다.

493

scarcely
[skɛ́ərsli]

부 거의 ~ 않다
- I scarcely goes to the theater.
  나는 거의 극장에 가지 않는다.

494

afford
[əfɔ́ːrd]

동 형편이 되다, 주다
- I can't afford to buy a house.
  나는 집을 살 형편이 안 된다.

495

contain
[kəntéin]

동 포함하다
- I want you to contain him.
  나는 네가 그를 포함시켰으면 좋겠다.

496

confront
[kənfrʌ́nt]

동 직면하다
- I am confronted with enormous difficulties.
  나는 엄청난 난관에 처해있다.

497

impress
[imprés]

동 깊은 인상을 주다, 감동을 주다
- He was suitably impressed with the novel.
  그는 그 소설로 상당히 좋은 인상을 받았다.

498

pressure
[préʃər]

명 압박, 압력
- The barriers gave way under the pressure of the crowd.　사람들의 압력에 못 이겨 방책이 무너졌다.

499

applaud
[əplɔ́ːd]

동 박수를 치다
- The singer was applauded by the audience.
  가수는 청중으로부터 박수를 받았다.

Advanced

500

acknowledge
[əknálidʒ]

통 인정하다
- Do you acknowledge this signature?
  이 서명을 인정하십니까?

501

input
[ínpùt]

명 ① 투입, 원조 ② 입력 통 입력하다
- This program accepts input from most word processors.
  이 프로그램은 대부분 워드프로세스의 입력을 받아들인다.

502

initiate
[iníʃièit]

통 ① 시작하다 ② 가입시키다
- We need to initiate a search.
  우리는 조사를 시작해야 한다.

503

inn
[in]

명 여관
- He runs a country inn. 그는 시골 작은 여관을 경영한다

504

defeat
[difíːt]

통 이기다, 패배시키다
- I know how to defeat them.
  나는 그들을 이기는 방법을 알고 있다.

505

outstanding
[àutstǽndiŋ]

형 두드러진, 뛰어난
- The people are doing outstanding work.
  사람들이 일을 아주 잘하고 있다.

506

institute
[ínstətjùːt]

명 기관, 협회, 학원
- I met him at the institute. 나는 학원에서 그를 만났다.

507

maintain
[meintéin]

통 지속하다, 계속하다, 유지하다
- We can maintain her current state.
  우리는 그녀의 현재 상태를 유지시킬 수 있다.

508

pump
[pʌmp]

명 펌프 통 퍼 올리다
- Your heart pumps blood around your body.
  사람의 심장은 몸의 이곳저곳으로 혈액을 밀어내고 있다.

509

defend
[difénd]

통 ① 방어하다, 수비하다 ② 변호하다 → defense 명 수비
- She is defending champion.
  그녀는 챔피언을 방어 중이다.

510

inhabit
[inhǽbit]

통 서식하다, 살다
- Various kinds of fish inhabit the sea.
  여러 종류의 어류가 바다에 서식한다.

Review Check 17

A. 다음 낱말의 우리말 뜻을 쓰시오.

1. regard _____
2. highlight _____
3. confront _____
4. scarcely _____
5. acknowledge _____
6. design _____
7. initiate _____
8. input _____

9. inhabit _____
10. pressure _____
11. collector _____
12. defeat _____
13. contain _____
14. determine _____
15. defend _____
16. maintain _____

B. 우리말과 같은 뜻의 영어 낱말을 쓰시오.

1. 탐정 _____
2. 망설이다 _____
3. 발달하다 _____
4. 펌프 _____
5. 학원 _____

6. 걱정하는 _____
7. 끝으로 _____
8. 형편이 되다 _____
9. 박수를 치다 _____
10. 두드러진 _____

C. 다음 우리말과 뜻이 같도록 문장을 완성하시오.

1. 마이크는 면도를 하다가 베였다.
   = Mike cut himself _____.
2. 나의 집은 그녀의 집과 마주 대하고 있다.
   = My house _____ hers.
3. 그녀는 여관의 이름을 따서 그 쿠키에 톨 하우스 쿠키라는 이름을 붙였다.
   = She named them Toll House Cookies after the _____.
4. 우리는 모두 그녀의 열정에 감명을 받았다.
   = We were all _____ by her enthusiasm.

73

Day 18

● **Preview Check** 오늘 학습할 낱말입니다. 이미 자신이 알고 있는 낱말에 ✔해 봅시다.

☐ atmosphere	☐ counselor	☐ escape	☐ harvest	☐ approve
☐ arrange	☐ crowded	☐ entirely	☐ definite	☐ mechanism
☐ attitude	☐ delay	☐ essence	☐ institution	☐ bias
☐ cliff	☐ distinguish	☐ remind	☐ emphasis	☐ marriage
☐ clue	☐ document	☐ handkerchief	☐ margin	☐ expand
☐ consequence	☐ emergency	☐ horizon	☐ stove	☐ overlap

수능 출제 랭킹

Basic

511

atmosphere
[ǽtməsfiər]

몡 ① 대기 ② 분위기
● The atmosphere of the meeting was relaxed.
그 회합의 분위기는 편안했다.

512

arrange
[əréindʒ]

동 정리하다, 마련하다
● Can I arrange an appointment for Monday?
제가 월요일로 약속을 잡을 수 있을까요?

513

attitude
[ǽtitjùːd]

몡 태도
● His attitude made me angry.
그의 태도로 나는 화가 났다.

514

cliff
[klif]

몡 절벽
● It looked impossible to jump across the cliff.
절벽을 건너뛴다는 것은 불가능해 보였다.

515

clue
[kluː]

몡 단서
● Not a clue has yet been found to solve the problem.
아직 문제 해결의 단서가 발견되지 않았다.

516

consequence
[kánsəkwèns]

몡 결과
● He drove too fast with tragic consequences.
그가 차를 너무 빨리 몰다가 비극적인 결과를 초래했다.

517

counselor
[káunsələr]

몡 상담역
● He needs to talk to a counselor.
그는 상담이 필요하다.

518

crowded
[kráudid]

형 혼잡한
- In the spring the place is crowded with skiers.
  봄이 되면 그곳은 스키어들로 붐빈다.

Intermediate

519

delay
[diléi]

명 지연 동 지연시키다
- The accident delayed the train for two hours.
  사고로 열차는 두 시간 지연되었다.

520

distinguish
[distíŋgwiʃ]

동 구별하다 (from)
- It is hard to distinguish him from his brother.
  그와 그의 형을 분간하기는 어렵다.

521

document
[dákjumənt]

명 서류 동 기록하다
- Causes of the disease have been well documented.
  그 질병의 원인은 기록이 잘 되어 있다.

522

emergency
[imə́:rdʒənsi]

명 비상사태
- The pilot made an emergency landing in a field.
  그 조종사는 들판에 비상 착륙을 했다.

523

escape
[iskéip]

동 탈출하다
- One of the prisoners has escaped.
  죄수 중의 한 사람이 탈출했다.

524

entirely
[intáiərli]

부 전적으로
- That's an entirely different matter.
  그것은 전적으로 다른 문제이다.

525

essence
[ésns]

명 본질, 진수
- Competition is the essence of business.
  경쟁은 사업의 본질이다.

526

remind
[rimáind]

동 상기시키다, 생각나게 하다
- Remind me to take the umbrella back, please.
  우산을 잊지 않고 가지고 가라고 일러주시오.

527

handkerchief
[hǽŋkərtʃf]

명 손수건
- She dipped her handkerchief in the cool water.
  그녀는 손수건을 찬물에 살짝 적셨다.

528

horizon
[həráizn]

명 지평선, 수평선
- The sun rose above the horizon. 해는 지평선 위로 솟았다.

529

harvest
[hɑ́:rvist]

명 수확 동 수확하다
- a rich harvest 풍작

530

definite
[défənit]

형 확실한, 분명한
• Please give me a definite answer.
확답을 좀 부탁합니다.

531

institution
[ìnstətjúːʃən]

명 ① 기관, 시설 ② 제도
• We want this to be like a home, not an institution.
우리는 이곳이 보호 시설이 아니라 일반 가정처럼 되기를 바란다.

532

emphasis
[émfəsis]

명 강조
• The course has a vocational emphasis.
그 과정은 직업 교육에 역점을 둔다.

533

margin
[máːrdʒin]

명 ① 여백 ② 차이
• notes scribbled in the margin
여백에 휘갈겨 쓴 메모들

534

stove
[stouv]

명 난로
• She put a pan of water on the stove.
그녀는 난로 위에 물을 담은 냄비를 얹었다.

535

approve
[əprúːv]

동 ① 인정하다, 승인하다 ② 찬성하다
• I don't approve of that.
나는 그것을 승인할 수 없다.

536

mechanism
[mékənìzm]

명 기계 장치
• We need a independent control mechanism.
우리는 단독 제어 기계 장치가 필요하다.

537

bias
[báiəs]

명 편견 동 선입견을 갖게 하다
• The newspapers have biased people against her.
신문이 사람들에게 그녀에 대한 안 좋은 선입견을 심어 주었다.

538

marriage
[mǽridʒ]

명 결혼
• She has two children by a previous marriage.
그녀는 전 결혼에서 아이를 둘 두었다.

539

expand
[ikspǽnd]

동 확대하다, 확장하다
• He was trying to expand his business.
그는 사업을 확장하려 하고 있었다.

540

overlap
[òuvərlǽp]

동 겹치다 명 중복
• The roofing slates were laid to overlap each other.
지붕의 슬레이트는 서로 겹쳐 놓여 있었다.

Review Check 18

A. 다음 낱말의 우리말 뜻을 쓰시오.

1. attitude _____
2. document _____
3. marriage _____
4. expand _____
5. bias _____

6. delay _____
7. overlap _____
8. entirely _____
9. definite _____
10. harvest _____

B. 우리말과 같은 뜻의 영어 낱말을 쓰시오.

1. 결과 _____
2. 기관 _____
3. 비상 사태 _____
4. 인정하다 _____
5. 상담역 _____
6. 여백 _____

7. 단서 _____
8. 강조 _____
9. 손수건 _____
10. 난로 _____
11. 지평선 _____
12. 기계 장치 _____

C. 다음 우리말과 뜻이 같도록 문장을 완성하시오.

1. 그녀는 절벽에 서 있었다.

   = She stood on the _____.

2. 이곳의 좋은 분위기를 느껴보세요.

   = Feel the nice _____ in here.

3. 사람들이 테이블 앞에 몰려 있다.

   = People are _____ in front of the table.

4. 당신은 그를 만나도록 주선해 놓았나요?

   = Have you _____ to meet him?

5. 때로는 현실과 환상을 구별하기가 어렵다.

   = Sometimes reality and fantasy are hard to _____.

6. 그가 오늘 아침 탈옥했다.

   = He _____ from prison this morning.

7. 그는 우리에게 록 음악의 진수를 보여주었다.

   = He showed us the _____ of rock music.

8. 그 일은 생각나지 않았으면 좋겠다.

   = I don't want to be _____ of it.

77

Day 19

● **Preview Check** 오늘 학습할 낱말입니다. 이미 자신이 알고 있는 낱말에 ✔해 봅시다.

☐ overall	☐ recharge	☐ expert	☐ cart	☐ capable
☐ insight	☐ infection	☐ pale	☐ loaf	☐ puzzle
☐ courage	☐ annual	☐ appeal	☐ insert	☐ holy
☐ informal	☐ carriage	☐ mild	☐ confident	☐ influence
☐ qualify	☐ owe	☐ navy	☐ senior	☐ cape
☐ mental	☐ decrease	☐ pad	☐ candidate	☐ constant

수능 출제 랭킹

Basic

541

overall

[òuvərɔ́:l]

형 전체의 부 전부
● Overall, it's a good hotel.
전체적으로 보아, 좋은 호텔이다.

542

mental

[méntl]

형 정신의
● She is the picture of mental health.
그녀는 정신 건강의 표본이다.

543

owe

[ou]

동 빚지고 있다
● How much do I owe you for the groceries?
식료품비로 제가 당신께 줘야 할 돈이 얼마죠?

544

mild

[maild]

형 ① 온순한 ② 순한
● Use a soap that is mild on the skin.
피부에 순한 비누를 써라.

545

insert

[insə́:rt]

동 끼워 넣다, 끼우다
● insert a key 열쇠를 꽂다

546

puzzle

[pʌ́zl]

명 수수께끼 동 어리둥절하게 만들다
● It is a standing puzzle of the scientists.
그것은 풀 수 없는 과학자들의 수수께끼이다.

547

holy

[hóuli]

명 신성한
● He is clerk in holy orders. 그는 성직자이다.

548

recharge
[riːtʃάːrdʒ]

동 충전하다
• recharge a battery 전지를 충전하다

Intermediate

549

decrease
[dikríːs]

동 줄이다, 감소시키다 명 감소 반 increase 동 증가시키다 동 증가
• Profits have decreased by 15%. 이익이 15% 줄었다.

550

navy
[néivi]

명 해군
• He's joined the navy. 그는 해군에 입대했다.

551

confident
[kάnfədənt]

형 자신감 있는
• Don't be too confident of yourself.
자신을 과신하지 마라.

552

insight
[ínsàit]

명 통찰력
• He has an insight into human nature.
그는 인간성에 대한 통찰력이 있다.

553

courage
[kə́ːridʒ]

명 용기
• Bill is a man of great courage.
Bill은 매우 용기 있는 사람이다.

554

infection
[infékʃən]

명 전염, 감염
• This will help to prevent infecion.
이것이 전염을 막는데 도움이 될 거에요.

555

expert
[ékspəːrt]

명 전문가
• He is an expert in his own field.
그는 자신의 분야에서 전문가이다.

556

pad
[pæd]

명 패드, 덧대는 것 동 패드를 대다
• All the sharp corners were padded with foam.
모든 뾰족한 모서리에는 기포고무로 패드가 대어져 있었다.

557

senior
[síːnjər]

형 연상의, 연장의 명 연장자
• When did he visit the senior centers?
그가 언제 양로원을 방문했나요?

558

influence
[ínfluəns]

명 영향, 영향력 동 영향을 미치다
• He's an influence on her work.
그는 그녀의 일에 영향력이 있다.

559

informal
[intɔ́ːrməl]

형 ① 비공식의 ② 허물없는
• They met for informal talks.
그들은 비공식 회담을 위해 만났다.

Advanced

560

annual
[ǽnjuəl]

형 연간의, 매년의
- May I use my annual leave?
  저 연차 사용할 수 있을까요?

561

pale
[péil]

형 창백한 동 창백해지다
- She turned pale at the sight of blood.
  피를 보자 그녀는 파랗게 질렸다.

562

cart
[kɑːrt]

명 수레 동 운반하다
- The man is lending the cart.
  그 남자가 손수레를 빌리고 있다.

563

candidate
[kǽndidèit]

명 입후보자, 후보자
- There were a number of candidates for the job.
  그 일자리에 지원한 후보자가 많았다.

564

cape
[keip]

명 곶
- the Cape of Good Hope 희망봉

565

qualify
[kwάləfài]

동 자격을 부여하다
- He is qualified as a lawyer.
  그는 변호사로서의 자격이 있다.

566

carriage
[kǽridʒ]

명 객차, 마차
- The people are riding a carriage.
  사람들이 마차를 타고 있다.

567

appeal
[əpíːl]

명 간청, 항소 동 호소하다, 항소하다
- I appeal to your better judgment.
  저는 당신의 현명한 판단을 구하고자 합니다.

568

loaf
[louf]

명 빵 한 덩이
- Two white loaves, please.
  하얀 식빵 두 덩이 주세요.

569

capable
[kéipəbl]

형 ~을 할 수 있는 (of)
- The situation is capable of improvement.
  사태는 개선될 가능성이 있다.

570

constant
[kάnstənt]

형 끊임없는
- Babies need constant attention.
  아기들은 끊임없이 보살펴 줘야 한다.

A. 다음 낱말의 우리말 뜻을 쓰시오.

1. cart _____
2. overall _____
3. informal _____
4. appeal _____
5. capable _____
6. mental _____

7. cape _____
8. pad _____
9. senior _____
10. expert _____
11. owe _____
12. insert _____

B. 우리말과 같은 뜻의 영어 낱말을 쓰시오.

1. 수수께끼 _____
2. 후보자 _____
3. 신성한 _____
4. 충전하다 _____
5. 감염 _____
6. 자격을 부여하다 _____
7. 객차 _____

8. 용기 _____
9. 영향 _____
10. 줄이다 _____
11. 통찰력 _____
12. 자신감 있는 _____
13. 창백한 _____
14. 끊임없는 _____

C. 다음 우리말과 뜻이 같도록 문장을 완성하시오.

1. 그곳은 기후는 심한 추위나 더위가 없이 온화하다.

= The climate there is _____, without extremes of heat or cold.

2. 그 사람들은 연회비로 약 100달러를 받아.

= They charge about $100 for an _____ membership.

3. 저는 1987년에 해군을 명예 제대했습니다.

= I left the _____ in 1987 with an honorable discharge.

4. 하얀 식빵 두 덩이 주세요.

= Two white _____, please.

Day 20

● **Preview Check** 오늘 학습할 낱말입니다. 이미 자신이 알고 있는 낱말에 ✔해 봅시다.

☐ heel	☐ agent	☐ quantity	☐ insurance	☐ insure
☐ stripe	☐ excess	☐ construct	☐ multiply	☐ consume
☐ eventual	☐ affair	☐ motion	☐ detect	☐ advocate
☐ exclude	☐ urge	☐ desire	☐ despite	☐ evident
☐ hell	☐ consult	☐ instance	☐ devil	☐ exceed
☐ constitute	☐ satisfy	☐ stuff	☐ evaluate	☐ motive

Basic

571

heel
[hi:l]

명 발뒤꿈치, (신발의) 굽
● sit down on the heels 웅크리다

572

hell
[hel]

명 지옥, 지옥 같은 곳
● The last three months have been hell.
마지막 석 달은 완전히 지옥 같았다.

573

consult
[kánsʌlt]

동 상담하다, 상의하다
● The doctor consulted with his colleagues.
그 의사는 그의 동료 의사와 상의했다.

574

desire
[dizáiər]

명 바람 동 바라다
● Her desire is to travel.
그녀의 소원은 여행이다.

575

motive
[móutiv]

명 동기
● His truth is his only motives.
그의 진실이 그의 유일한 동기이다.

576

consume
[kənsú:m]

동 소비하다 → consumption 명 소비
● He consums much of his time in reading.
그는 많은 시간을 독서에 쓴다.

577

stripe
[straip]

명 줄무늬
● His uniform looks smart with the red stripe in it.
그의 제복은 빨간 줄무늬가 들어 있어 아주 멋있다.

578

agent
[éidʒənt]

뗭 대리인, 중개인
- The agent is a friend of mine.
  그 대리인은 나의 친구이다.

Intermediate

579

satisfy
[sǽtisfài]

뙩 만족시키다
- The food wasn't enough to satisfy his hunger.
  그 음식은 그의 공복을 채우기에 **충분하지** 못했다.

580

instance
[ínstəns]

뗭 사례, 예
- For instance, we can either tell the truth or tell a lie.
  예를 들면 우리는 진실을 말하거나 거짓을 말할 수도 있다.

581

despite
[dispáit]

뗥 ~에도 불구하고
- He is very well despite his age.
  노령에도 불구하고 매우 건강하다.

582

advocate
[ǽdvəkèit]

뙩 지지하다, 옹호하다
- The group does not advocate the use of violence.
  그 단체는 폭력 사용을 **지지하지** 않는다.

583

eventual
[ivénʃuəl]

뗧 최종적인 → eventually 뙖 결국
- The school may face eventual closure.
  그 학교는 궁극적으로 폐교 사태를 맞게 될지도 모른다.

584

excess
[iksés]

뗭 지나침, 과도
- We had an excess of snow last month.
  지난달에는 눈이 **너무 많이** 왔다.

585

quantity
[kwántəti]

뗭 양
- I prefer quality to quantity. 양보다도 질을 택한다.

586

stuff
[stʌf]

뗭 물건, 것(일)
- What's all that sticky stuff on the carpet?
  카펫 위에 저 끈적거리는 것들은 다 뭐지?

587

devil
[dévl]

뗭 악령, 악마
- They believed she was possessed by devils.
  사람들은 그녀가 **악령**에 씌었다고 믿었다.

588

evident
[évədənt]

뗧 분명한, 명백한
- It was evident that they liked her.
  그들이 그녀에게 호의를 갖고 있는 것이 **명백했다.**

589

exclude
[iksklúːd]

동 제외하다, 배제하다
• Try excluding fat from your diet.
식사에서 지방을 배제하도록 하라.

Advanced

590

affair
[əféər]

명 일
• This affair no longer concerns you.
이 일은 이제 네가 신경을 쓰지 않아도 돼.

591

construct
[kənstrʌ́kt]

동 건설하다 → construction 명 건설
• Early houses were constructed out of mud and
sticks. 옛날 집은 진흙과 막대기로 지어졌다.

592

insurance
[inʃúərəns]

명 보험
• I also need your insurance card. 보험증도 주세요.

593

evaluate
[ivǽljuèit]

동 평가하다
• We need to evaluate how well the policy is working.
우리는 그 정책이 얼마나 잘 작동하고 있는지 평가해 볼 필요가 있다.

594

exceed
[iksíːd]

동 넘다, 초과하다
• The task exceeds his ability. 그 일은 그의 능력을 초과한다.

595

constitute
[kánstətjùːt]

동 구성하다, 설립하다, ~이 되다
• Seven days constitute a week.
7일로 일주일이 된다.

596

urge
[əːrdʒ]

동 재촉하다 → urgency 명 긴급
• I was urged to sign the contract.
나는 계약서에 서명하도록 재촉 받았다.

597

motion
[móuʃən]

명 ① 운동, 움직임 ② 동작, 몸짓
• Heat is a way of motion. 열은 운동의 한 방법이다.

598

multiply
[mʌ́ltəplài]

동 ① 증가하다 ② 곱하다
• Multiply 2 and 6 together and you get 12.
2와 6을 함께 곱하면 12가 된다.

599

insure
[inʃúər]

동 보험에 들다
• He has insured himself against illness.
그는 질병에 대비한 보험을 들었다.

600

detect
[ditékt]

동 알아내다, 발견하다
• I detected a change in his attitude.
나는 그의 태도에서 변화를 깨달았다.

Review Check 20

A. 다음 낱말의 우리말 뜻을 쓰시오.

1. affair _____
2. stripe _____
3. urge _____
4. construct _____
5. evident _____
6. hell _____
7. multiply _____

8. exclude _____
9. stuff _____
10. satisfy _____
11. consume _____
12. excess _____
13. agent _____
14. motive _____

B. 우리말과 같은 뜻의 영어 낱말을 쓰시오.

1. 양 _____
2. 바라다 _____
3. 구성하다 _____
4. 넘다 _____
5. 평가하다 _____

6. 상담하다 _____
7. 지지하다 _____
8. 궁극적인 _____
9. 악마 _____
10. 움직임 _____

C. 다음 우리말과 뜻이 같도록 문장을 완성하시오.

1. 비판의 어조가 감지되는데 맞는가?

   = Do I _____ a note of criticism?

2. 수백 군데의 일자리에 지원을 했음에도 불구하고 그는 아직 실업자이다.

   = _____ applying for hundreds of jobs, he is still out of work.

3. 왼쪽 굽이 닳았네요.

   = The left _____ was worn way down.

4. 대부분의 경우에는 더 이상의 치료가 필요 없게 된다.

   = In most _____, there will be no need for further treatment.

5. 당신이 그 손실에 대해 보험금을 청구할 수 있나요?

   = Can you claim for the loss on your _____?

6. 그 그림은 백만 달러의 보험에 들어 있다.

   = The painting is _____ for $1 million.

85

Day 21

● **Preview Check** 오늘 학습할 낱말입니다. 이미 자신이 알고 있는 낱말에 ✔해 봅시다.

☐ patient	☐ entertain	☐ ministry	☐ loan	☐ assign
☐ confidence	☐ inspect	☐ impression	☐ nevertheless	☐ minister
☐ notice	☐ nonsense	☐ content	☐ mineral	☐ nerve
☐ violate	☐ imply	☐ moreover	☐ neglect	☐ imitate
☐ impact	☐ concentrate	☐ necessity	☐ joint	☐ import
☐ moral	☐ mode	☐ negotiate	☐ immense	☐ logic

Basic

601

patient
[péiʃənt]

몡 환자　혱 참을성 있는
● The patient is much better today.
　　그 환자는 오늘 훨씬 좋은 편이다.

602

moral
[mɔ́ːrəl]

혱 도덕상의, 도덕적인　빤 immoral 부도덕한
● He is a very moral person.　그는 매우 도덕적인 사람이다.

603

concentrate
[kánsəntrèit]

통 집중하다 (on)
● I always concentrate on my work.
　　나는 항상 나의 일에 정신을 집중한다.

604

moreover
[mɔːróuvər]

閉 더욱이, 게다가
● The day was cold, and moreover it was raining.
　　그날은 추웠으며 게다가 비까지 오고 있었다.

605

mineral
[mínərəl]

몡 광물, 무기물, 미네랄
● Hot springs often contain many minerals.
　　온천에는 흔히 많은 무기물이 함유되어 있다.

606

minister
[mínəstər]

몡 장관
● The Prime Minister mounted the platform.
　　국무총리가 등단했다.

607

confidence
[kánfədəns]

몡 ① 자신감 ② 신뢰, 신임
● It's just a matter of confidence.
　　그건 단지 자신감의 문제입니다.

608

entertain
[èntərtéin]

동 즐겁게 하다 → entertainment 명 오락
- Bora entertained me with a fun story.
  Bora는 재미있는 이야기로 나를 즐겁게 해 주었다.

Intermediate

609

mode
[moud]

명 방식, 양식
- a mode of behaviour 행동 방식

610

necessity
[nəsésəti]

명 ① 필요(성) ② 필수품
- Necessty is the mother of invention.
  필요는 발명의 어머니.

611

neglect
[niglékt]

동 ① 방치하다 ② 게을리하다
- He often neglects his health.
  그는 가끔 몸을 함부로 다룬다.

612

nerve
[nəːrv]

명 ① 신경 ② 긴장, 불안
- Every nerve in her body was tense.
  그녀는 온 몸의 신경이 긴장되어 있었다.

613

notion
[nóuʃən]

명 개념, 생각
- He has no notion of what I mean.
  그는 나의 의도한 바를 전혀 알지 못한다.

614

inspect
[inspékt]

동 조사하다, 점검하다
- What do you wish to inspect?
  어떤 것을 검사하길 원하시나요?

615

ministry
[mínəstri]

명 부처
- My brother works at the ministry of defence.
  나의 형은 국방부에서 일한다.

616

negotiate
[nigóuʃièit]

동 협상하다
- We have been negotiating for more pay.
  우리는 더 많은 보수를 위해 교섭을 해 오고 있다.

617

imitate
[ímətèit]

동 모방하다, 흉내내다
- The wood was painted to imitate stone.
  그 나무는 돌과 비슷하게 색칠해져 있었다.

618

joint
[dʒɔint]

형 공동의 명 관절, 연결
- They finished in joint first place.
  그들이 공동 1위를 했다.

619

violate
[váiəlèit]

동 ① 위반하다 ② 침해하다
● We must not violate the law. 법을 어기지 말아야 한다.

Advanced

620

nonsense
[nánsens]

명 허튼소리, 허튼수작
● None of your nonsense now! 이제 어리석은 짓은 집어치워!

621

impression
[impréʃən]

명 인상, 감상
● I was deeply impressed with the sight.
나는 그 광경에 깊은 감명을 받았다.

622

loan
[loun]

명 대출 동 대출하다
● I asked them for the loan of the money.
나는 그들에게 돈의 대부를 신청했다.

623

immense
[iméns]

형 엄청난, 거대한
● She gets immenes pleasure from her garden.
그녀는 자기 정원에서 커다란 기쁨을 얻고 있다.

624

import
[ímpɔ:rt]

명 수입(품) 동 [impɔ́:rt] 수입하다 반 export
● Europe imports coal from America.
유럽은 미국에서 석탄을 수입한다.

625

impact
[ímpækt]

명 충격, 영향
● Her speech made a big impact on everyone.
그녀의 연설은 모든 사람들에게 깊은 영향을 주었다.

626

imply
[implái]

동 ① 암시하다 ② 포함하다
● I didn't mean to imply that. 저는 그런 뜻이 아니었어요.

627

content
[kəntént]

형 만족하는 명 [kántent] 내용(물), 차례
● He was content with my work? 그는 내가 한 일에 만족했다.

628

nevertheless
[névərðəlès]

부 그럼에도 불구하고 (=nonetheless)
● Nevertheless, much remains to be done.
그럼에도 불구하고, 해야 할 것들이 아주 많이 남았어.

629

assign
[əsáin]

동 맡기다, 할당하다
● He assigned them tasks for the day.
그는 그들에게 그날의 일을 할당했다.

630

logic
[ládʒik]

명 논리, 논리학 → logical 형 논리적인
● She thinks my logic is wrong.
그녀는 나의 논리가 틀렸다고 생각한다.

Review Check 21

A. 다음 낱말의 우리말 뜻을 쓰시오.

1. nerve _____
2. immense _____
3. impression _____
4. ministry _____
5. logic _____

6. necessity _____
7. content _____
8. concentrate _____
9. nonsense _____
10. minister _____

B. 우리말과 같은 뜻의 영어 낱말을 쓰시오.

1. 즐겁다 _____
2. 더욱이 _____
3. 광물 _____
4. 자신감 _____
5. 도덕상의 _____
6. 모방하다 _____
7. 수입하다 _____
8. 암시하다 _____

9. 연결 _____
10. 조사하다 _____
11. 협상하다 _____
12. 환자 _____
13. 방식 _____
14. 대출 _____
15. 충격 _____
16. 그럼에도 불구하고 _____

C. 다음 우리말과 뜻이 같도록 문장을 완성하시오.

1. 의무를 게을리 하지 마라.

   = Don't _____ your duty.
2. 사회적 통념이란 그런 것이다.

   = Such is the social common _____.
3. 우리에게는 큰 교실 두 개가 배정되었다.

   = We have been _____ the two large classrooms.
4. 교통 법규를 위반하지 마라.

   = Do not _____ the traffic law.

Day 22

● **Preview Check** 오늘 학습할 낱말입니다. 이미 자신이 알고 있는 낱말에 ✔해 봅시다.

- [ ] confuse
- [ ] associate
- [ ] breed
- [ ] vast
- [ ] load
- [ ] assist

- [ ] attempt
- [ ] vary
- [ ] agriculture
- [ ] broad
- [ ] attain
- [ ] alter

- [ ] burden
- [ ] brick
- [ ] appropriate
- [ ] incentive
- [ ] assemble
- [ ] literature

- [ ] generation
- [ ] intellectual
- [ ] impose
- [ ] assume
- [ ] bride
- [ ] burst

- [ ] context
- [ ] aspect
- [ ] authority
- [ ] budget
- [ ] certificate
- [ ] artificial

수능 출제 랭킹 Basic

631

confuse
[kənfjúːz]

통 ① 혼란시키다 ② 혼동하다
- I don't want to confuse him.
  나는 그를 혼란스럽게 하고 싶지 않다.

632

assist
[əsíst]

통 돕다 → assistance 명 도움
- He assisted me to do my homework.
  그는 내가 숙제하는 것을 도와주었다.

633

attain
[ətéin]

통 이루다, 달성하다
- He attained a full success. 그는 완전한 성공을 거두었다.

634

incentive
[inséntiv]

명 장려책, 자극
- There is no incentive for people to save fuel.
  사람들이 연료를 아끼게 하는 장려 정책이 없다.

635

impose
[impóuz]

통 (세금·의무 등을) 지우다, 부과하다
- A new tax was imposed on fuel.
  새로운 세금이 연료에 부과되었다.

636

aspect
[æspekt]

명 측면, 국면
- She looked at the problem from every aspect.
  그녀는 그 문제를 모든 측면에서 살펴보았다.

637

associate
[əsóuʃièit]

통 ① 연상하다 ② 교제하다, 어울리다
- I associate summer with swimming.
  나는 여름하면 수영이 떠오른다.

638

attempt
[ətémpt]

명 시도 동 시도하다
● The patient attempted to rise but failed.
그 환자는 일어서려고 했으나 허사였다.

Intermediate

639

alter
[ɔ́:ltər]

동 바꾸다, 달라지다
● It doesn't alter the way I feel. 그렇다고 내 기분이 달라지진 않아.

640

assemble
[əsémbl]

동 ① 모으다, 모이다 ② 조립하다
● People were assembled in the garden.
사람들이 그 정원에 모여 있었다.

641

assume
[əsú:m]

동 ① 가정하다, 추정하다 ② ~인 체하다
● We assumed him to be a stranger.
우리는 그를 낯선 사람으로 생각했다.

642

authority
[əθɔ́:rəti]

명 ① 권위 ② 권한
● He has no authority for the act. 그는 그 행위를 할 권한이 없다.

643

breed
[bri:d]

동 bred - bred ① 양육하다, 기르다 ② 새끼를 낳다
● Bill used to breed dogs for the police.
Bill은 경찰견을 길렀었다.

644

vary
[véəri]

동 서로 다르다 → varity 명 각양각색
● The quality of the students' work varies considerably.
학생들의 과제의 질은 각기 상당히 다르다.

645

burden
[bə́:rdn]

명 짐 동 짐을 지우다
● I don't want to burden you with my worries.
내 걱정거리로 네게 짐을 지우고 싶지 않아.

646

literature
[lítərəʃər]

명 문학
● She is interested in literature. 그녀는 문학에 관심이 있다.

647

bride
[braid]

명 신부
● He introduced his new bride. 그가 자신의 새 신부를 소개했다.

648

budget
[bʌ́dʒit]

명 예산
● The work was finished on time and within budget.
그 일은 일정대로 예산을 초과하지 않고 끝마쳐졌다.

649

vast
[væst]

형 거대한, 어마어마한
● He made a vast amount of money.
그는 어마어마한 돈을 벌었다.

Advanced

650

agriculture
[æɡrəkʌlʃər]

명 농업
- Our agriculture is in great difficulty.
  우리 농업은 큰 어려움에 처해 있다.

651

brick
[brik]

명 벽돌
- The school is built of brick. 그 학교는 벽돌로 지어져 있다.

652

generation
[dʒènəréiʃən]

명 ① 세대 ② 발생
- Three generations live together in that house.
  그 집에는 3세대가 살고 있다.

653

burst
[bəːrst]

동 burst - burst ① 터지다, 파열하다 ② 갑자기 나타나다
- The dam burst under the weight of water.
  그 댐은 물의 무게를 못 이기고 터져 버렸다.

654

certificate
[sərtífikət]

명 증명서, 자격증
- I study for a certificate on weekends.
  나는 주말마다 자격증을 따려고 공부한다.

655

load
[loud]

명 짐 동 짐을 싣다
- I carried a load on my back.
  나는 등에 짐을 지고 날랐다.

656

broad
[brɔːd]

형 넓은 → broaden 동 넓어지다
- He is tall, broad and muscular.
  그는 키가 크고 어깨가 넓으며 근육질이다.

657

appropriate
[əpróupriət]

형 적절한, 알맞은
- I think it is entirely appropriate.
  나는 그것이 매우 적절하다고 생각한다.

658

intellectual
[ìntəlékʃuəl]

형 지적인, 지능의
- Her intellectual power is above average.
  그녀의 지적 능력은 평균 이상이다.

659

context
[[kántekst]]

명 문맥, 맥락, 정황
- Guess the meaning of the word from the context.
  문맥에서 낱말의 의미를 추측해라.

660

artificial
[àːrtəfíʃəl]

형 ① 인공적인 ② 꾸민, 거짓의
- This subject matter is artificial intelligence.
  이번 주제는 인공 지능입니다.

Review Check 22

A. 다음 낱말의 우리말 뜻을 쓰시오.

1. agriculture _____
2. assume _____
3. impose _____
4. confuse _____
5. burst _____
6. generation _____
7. broad _____

8. vast _____
9. literature _____
10. breed _____
11. attain _____
12. assemble _____
13. incentive _____
14. intellectual _____

B. 우리말과 같은 뜻의 영어 낱말을 쓰시오.

1. 돕다 _____
2. 달라지다 _____
3. 측면 _____
4. 연상하다 _____
5. 문맥 _____
6. 적절한 _____

7. 서로 다르다 _____
8. 짐 _____
9. 권위 _____
10. 짐 _____
11. 신부 _____
12. 인공적인 _____

C. 다음 우리말과 뜻이 같도록 문장을 완성하시오.

1. 나는 첫 번째 시도에서 운전면허 시험에 합격했다.

   = I passed my driving test at the first _____.
2. 그들은 네 건강 진단서를 요구할 것이다.

   = They'll ask a doctor's _____ to prove your health.
3. 우리는 빠듯한 예산으로 집 단장을 했다.

   = We decorated the house on a tight _____.
4. 남자들이 벽돌담을 쌓고 있다.

   = Men are working on a _____ wall.

Day 23

● **Preview Check** 오늘 학습할 낱말입니다. 이미 자신이 알고 있는 낱말에 ✔해 봅시다.

☐ force   ☐ client   ☐ contract   ☐ conform   ☐ reject
☐ claim   ☐ bother   ☐ interfere   ☐ confirm   ☐ novel
☐ wheat   ☐ contrary   ☐ contribute   ☐ available   ☐ clarify
☐ conscious   ☐ negative   ☐ shift   ☐ circumstance   ☐ conflict
☐ confine   ☐ clay   ☐ chemistry   ☐ confess   ☐ contrast
☐ garage   ☐ characteristic   ☐ clause   ☐ tense   ☐ tender

Basic

661

force
[fɔ:rs]

명 힘 통 강요하다, 억지로 ~을 시키다
● Do not force me to choose! 억지로 선택하게 하지 마세요!

662

garage
[gərá:dʒ]

명 차고
● Do not park in front of my garage.
제 차고 앞에 주차하지 마세요.

663

clay
[klei]

명 찰흙, 점토
● I pressed the clay into shape.
나는 찰흙을 눌러서 납작하게 만들었다.

664

shift
[ʃift]

통 옮기다, 바꾸다 명 변화, 이동
● Can you help me shift this box?
이 상자를 옮기는 것을 도와줄래?

665

available
[əvéiləbl]

형 ① 이용할 수 있는 ② 시간이 있는
● There are no more rooms available.
더 이상 이용할 수 있는 방이 없다.

666

novel
[návəl]

명 소설 형 새로운, 기발한
● He has not yet finished his novel.
그는 자신의 소설은 완성하지 못했다.

667

claim
[kleim]

통 주장하다 명 주장
● He claimed that his answer was correct.
그는 자기의 대답이 옳다고 주장했다.

668

client
[kláiənt]

명 고객, 의뢰인
- The lawyer gave some advice to his client.
  그 변호사는 자신의 의뢰인에게 조언을 해 주었다.

669

characteristic
[kæriktərístik]

형 특유의 명 특징
- The two children have different characteristics.
  그 두 아동은 다른 특징을 갖고 있다.

670

chemistry
[kéməstri]

명 화학
- We do experiments in chemistry class.
  우리는 화학 시간에 실험을 한다.

671

circumstance
[sə́ːrkəmstæns]

명 상황, 사정
- Circumstances alter cases. 사정에 따라 경우가 달라진다.

672

clarify
[klǽrəfài]

동 분명히 말하다
- Can you clarify your remarks? 분명히 설명해 주시겠어요?

673

wheat
[hwiːt]

명 밀
- Wheat production has increased this year.
  올해는 밀 생산량이 늘었다.

674

bother
[báðər]

형 ① 괴롭히다, 귀찮게 하다 ② 신경 쓰다, 걱정하다
- I don't want to bother him. 나는 그를 괴롭히고 싶지 않아요.

675

contract
[kántrækt]

명 계약 동 [kəntrǽkt] 계약하다
- I made a contract with the company.
  나는 그 회사와 계약을 맺었다.

676

clause
[klɔːz]

명 ① 조항, 조목 ② 절
- The contract has a morality clause.
  그 계약은 도덕 조항을 포함한다.

677

confess
[kənfés]

동 고백하다, 자백하다
- He confessed to me that he had taken the money.
  그가 그 돈을 훔쳤다고 자백했다.

678

conflict
[kənflíkt]

명 갈등, 싸움, 분쟁
- John often comes into conflict with his boss.
  John은 상사와 자주 의견 충돌을 일으킨다.

679

conscious
[kánʃəs]

형 ① 알고 있는 (of) ② 의식이 있는
- I'm conscious of what I have to do.
  나는 내가 할 일을 알고 있다.

680

contrary
[kántreri]

형 반대의, 상반되는 (to)
- Don't act contrary to the rules.

  규칙을 어기지 마라.

681

interfere
[ìntərfíər]

동 ① 방해하다 ② 간섭하다, 말참견하다
- You may go if nothing interferes.

  아무 지장이 없으면 가도 좋다.

682

conform
[kənfɔ́ːrm]

동 ① 따르다 ② 일치하다
- We must conform ourselves to the law.

  우리는 법에 따라야 한다.

683

tense
[tens]

형 긴장한
- She sounded tense and angry.

  그녀는 긴장한데다 화가 나 있는 것 같았다.

684

contrast
[kəntrǽst]

동 대조하다　명 [kántræst] 차이, 대조
- What a contrast between them!

  그들 사이는 참으로 차이가 크구나!

685

confine
[kənfáin]

동 ① 국한하다 ② 가두다 ③ 제한하다
- I will confine myself to making a few remarks.

  나는 몇 마디만 말하고 그치려고 한다.

686

negative
[négətiv]

형 ① 부정적인 ② 불쾌한 ③ 음성의　반 positive 긍정적인
- I don't mean to be negative.

  나는 부정적인 의도가 아니었어요.

687

contribute
[kəntríbjuːt]

동 ① 기부하다, 기증하다 ② 공헌하다
- He contributed a large sum of money to the funds.

  그는 그 기금에 많은 돈을 기부했다.

688

confirm
[kənfɔ́rm]

동 확증하다, 확인하다
- The truth of it was confirmed.

  그것은 사실이라는 것이 확인되었다.

689

reject
[ridʒékt]

동 거절하다　→ rejection 명 거절
- I offered to help him but was rejected.

  그를 돕겠다고 제의했으나 거절당했다.

690

tender
[téndər]

형 ① 상냥한 ② 연한
- He looks wild but he has a tender mind.

  그는 우락부락하게 생겼지만 마음이 상냥하다.

Review Check 23

A. 다음 낱말의 우리말 뜻을 쓰시오.

1. interfere _____
2. clarify _____
3. chemistry _____
4. garage _____
5. tense _____
6. contrast _____

7. contrary _____
8. clay _____
9. circumstance _____
10. characteristic _____
11. contract _____
12. negative _____

B. 우리말과 같은 뜻의 영어 낱말을 쓰시오.

1. 주장하다 _____
2. 고백하다 _____
3. 괴롭히다 _____
4. 이용할 수 있는 _____
5. 의식하는 _____
6. 확증하다 _____

7. 따르다 _____
8. 상냥한 _____
9. 힘 _____
10. 조항 _____
11. 밀 _____
12. 거절하다 _____

C. 다음 우리말과 뜻이 같도록 문장을 완성하시오.

1. 그녀는 장래 진로를 두고 부모님과 갈등을 빚게 되었다.
   = She found herself in _____ with her parents over her future career.
2. 그가 눈길을 그 아이에게서 그녀에게로 옮겼다.
   = He _____ his gaze from the child to her.
3. 그는 자신의 소설은 완성하지 못했다.
   = He has not yet finished his _____.
4. 그 고객은 즉각적인 응대를 받는 데 익숙해 있다.
   = That _____ is used to receiving prompt attention.
5. 세 가지 특정 사안에 국한하여 발언하겠습니다.
   = I shall _____ my remarks to three specific issues.
6. 저희 모금에 기부를 하시겠습니까?
   = Would you like to _____ to our collection?

Day 24

● **Preview Check** 오늘 학습할 낱말입니다. 이미 자신이 알고 있는 낱말에 ✓해 봅시다.

- ☐ impressive
- ☐ creative
- ☐ cope
- ☐ involve
- ☐ discipline
- ☐ policy

- ☐ cooperate
- ☐ corporate
- ☐ reference
- ☐ democracy
- ☐ convince
- ☐ voyage

- ☐ mill
- ☐ crime
- ☐ dependent
- ☐ core
- ☐ council
- ☐ tension

- ☐ anticipate
- ☐ reform
- ☐ cottage
- ☐ phrase
- ☐ sympathy
- ☐ physics

- ☐ strict
- ☐ educate
- ☐ operate
- ☐ wage
- ☐ isolate
- ☐ democratic

Basic

691

impressive
[imprésiv]

형 **인상적인, 감명 깊은**
● Her novel was very impressive.
그녀의 소설은 매우 감명 깊었다.

692

creative
[kriéitiv]

형 **창조적인, 창의적인**
● I work in a creative business.
나는 창의적인 사업 분야에서 일한다

693

convince
[kənvíns]

동 ① **확신시키다, 납득시키다** ② **설득하다**
● I convinced them what I was right.
나는 내가 옳다고 그들을 납득시켰다.

694

core
[kɔːr]

명 **중심부, 핵심**
● The core experience will change you forever.
그 핵심적인 경험이 당신을 영원히 바꿀 것이다.

695

cottage
[kátidʒ]

명 **오두막, 별장**
● The next day they left the cottage.
다음날 그들은 오두막집을 떠났다.

696

educate
[édʒukèit]

동 **교육하다** → education 명 교육
● The job of a teacher is to educate children.
선생님의 일은 아이들을 교육하는 것이다

697

policy
[páləsi]

명 **정책**
● We have tried to pursue this policy.
우리는 그 정책을 밀고 나가려고 노력해 왔다.

698

cooperate
[kouápərèit]

동 협력하다
- Please cooperate in promoting traffic safety.
  교통안전 증진에 협력해 주세요.

Intermediate

699

voyage
[vɔ́iidʒ]

명 여행, 항해
- We started our voyage to America.
  우리는 미국으로 가는 항해를 시작했다.

700

council
[káunsəl]

명 의회, 자문 위원회
- She's on the local council. 그녀는 지방 의회 의원이다.

701

phrase
[freiz]

명 구, 구절
- 'First of all' and 'in fact' are phrases.
  First of all과 in fact은 구다.

702

operate
[ápərèit]

동 ① 조작하다, 작동되다 ② 수술하다 (on)
- Will you operate on him again? 그를 재수술하나요?

703

cope
[koup]

동 대처하다 (with)
- How do I cope with that?
  제가 그것을 어떻게 대처하나요?

704

corporate
[kɔ́:rpərət]

형 기업의
- He worked in the corporate world. 그는 기업 세계에서 일했다.

705

mill
[mil]

명 방앗간, 맷돌
- They still use a water mill.
  그들은 아직도 물방아를 사용한다.

706

tension
[ténʃən]

명 긴장, 긴장 상태
- I release my tension by taking a walk.
  나는 산책하면서 나의 긴장을 푼다.

707

sympathy
[símpəθi]

명 ① 동정 ② 지지, 동의
- They don't feel much sympathy for us.
  그들은 우리를 별로 지지하지 않는다.

708

wage
[weidʒ]

명 임금
- What's the national minimum wage?
  나라에서 정한 최저 임금은 얼마입니까?

709

involve
[inválv]

동 ① 포함하다 ② 관련시키다
- He is involved in the crime.
  그는 그 범죄에 관련되어 있다.

710
reference
[réfərəns]

📖 ① 언급 ② 참조 → refer 📖 언급하다, 참조하다
- He made a reference to the party.
  그는 파티에 대해 언급했다.

711
crime
[kraim]

📖 범죄
- Crime doesn't pay.
  (속담) 죄 짓고는 못 산다. (범죄는 이익이 되지 않는다.)

712
anticipate
[æntísəpèit]

📖 예상하다, 기대하다 (= look forwad to)
- He anticipates great pleasure from his visit to France.
  그는 프랑스 여행이 매우 즐거울 것으로 기대하고 있다.

713
physics
[fíziks]

📖 물리학
- He devoted his life to the study of physics.
  그는 물리학 연구에 한평생을 바쳤다.

714
isolate
[áisəlèit]

📖 격리하다, 분리하다
- I'll try to isolate the problem.
  나는 그 문제를 분리하려고 한다.

715
discipline
[dísəplin]

📖 규율, 훈육 📖 훈육하다
- Discipline is strict in that school.
  그 학교에는 규율이 엄하다.

716
democracy
[dimákrəsi]

📖 민주주의
- The United States is a democracy.
  미국은 민주주의 국가이다.

717
dependent
[dipéndənt]

📖 의존하는 (on, upon), 의지하는
- Crops are dependent upon the weather.
  농작물은 날씨에 좌우된다.

718
reform
[rifɔ́:rm]

📖 개혁하다, 개선하다 📖 개혁, 개선
- They are afraid of changes and reform.
  그들은 변화와 개혁을 두려워합니다.

719
strict
[strikt]

📖 엄격한, 엄한 → strictly 📖 엄격하게
- My dad is very strict with me.
  나의 아빠는 내게 매우 엄격하시다.

720
democratic
[dèməkrǽtik]

📖 민주주의의
- You helped us to become democratic.
  여러분들은 우리를 민주화로 이끌었습니다.

A. 다음 낱말의 우리말 뜻을 쓰시오.

1. impressive _____
2. cooperate _____
3. corporate _____
4. sympathy _____
5. involve _____
6. discipline _____

7. strict _____
8. anticipate _____
9. phrase _____
10. reference _____
11. operate _____
12. creative _____

B. 우리말과 같은 뜻의 영어 낱말을 쓰시오.

1. 격리하다 _____
2. 대처하다 _____
3. 확신시키다 _____
4. 오두막 _____
5. 범죄 _____
6. 의존하는 _____

7. 긴장 _____
8. 정책 _____
9. 항해 _____
10. 핵심 _____
11. 의회 _____
12. 민주주의의 _____

C. 다음 우리말과 뜻이 같도록 문장을 완성하시오.

1. 물이 물레방아를 돌린다.
   = The water moves the _____ wheel.
2. 직원들이 임금 동결에 동의했다.
   = The staff have agreed to a _____ freeze.
3. 이곳은 아이들을 교육하기에 좋은 곳이 아니다.
   = This is no place to _____ children.
4. 그는 물리학을 전공하고 있다.
   = He is a _____ major.
5. 개인의 자유가 민주주의의 근저를 이루고 있다.
   = Individual freedom forms the basis of _____.
6. 그들은 이 법률을 개정하려 하고 있다.
   = They are going to _____ this law.

Day 25

● **Preview Check** 오늘 학습할 낱말입니다. 이미 자신이 알고 있는 낱말에 ✔해 봅시다.

- ☐ dirt
- ☐ disgust
- ☐ concrete
- ☐ apparent
- ☐ jury
- ☐ jaw
- ☐ dismiss
- ☐ disturb
- ☐ dispose
- ☐ estimate
- ☐ severe
- ☐ shallow
- ☐ division
- ☐ distribute
- ☐ export
- ☐ demonstrate
- ☐ district
- ☐ shame
- ☐ fate
- ☐ equip
- ☐ depress
- ☐ diverse
- ☐ display
- ☐ domain
- ☐ region
- ☐ disaster
- ☐ domestic
- ☐ weapon
- ☐ entire
- ☐ expose

수능 출제 랭킹

Basic

721

dirt
[dəːrt]

명 먼지, 흙, 때 → dirty 형 더러운
● His coat was covered with dirt.
그의 코트는 먼지로 덮여 있었다.

722

jaw
[dʒɔː]

명 턱
● The punch broke my jaw. 그 펀치에 내 턱이 부서졌다.

723

severe
[sivíər]

형 ① 심각한, 극심한 ② 가혹한, 엄한
● Don't be severe with him. 그에게 엄하게 굴지 마라.

724

shallow
[ʃǽlou]

형 얕은 반 deep
● The sea is very shallow here. 바다의 이곳은 매우 얕다.

725

depress
[diprés]

동 우울하게 하다 → depressed 형 우울한
● She is depressed by the wet weather.
비가 와서 그녀는 우울해졌다.

726

disaster
[dizǽstər]

명 재해, 재난, 사고
● Thousands died in the disaster. 그 재해로 수천 명이 사망했다.

727

entire
[intáiər]

형 전체의 → entirely 부 완전히, 전혀
● I slept the entire day. 나는 온종일 잤다.

728

export
[ikspɔ́ːrt]

동 수출하다 명 [ékspɔːrt] 수출
● The island export sugar and fruit.
그 섬은 설탕과 과일을 수출한다.

Intermediate

729 demonstrate
[démənstrèit]

동 입증하다, 보여주다
- He demonstrated that the earth is round.
  그는 지구가 둥글다는 것을 증명했다.

730 district
[dístrikt]

명 구역, 지역, 지방
- He looked around the business district.
  그는 상업 지역을 둘러보았다.

731 diverse
[divə́:rs]

형 다양한
- My interests are very diverse.
  나의 관심사는 대단히 다양하다.

732 domestic
[dəméstik]

형 ① 국내의 ② 가정의 ③ 길들여진
- There's a lot of competition in the domestic market.
  국내 시장에서는 경쟁이 치열하다.

733 concrete
[kánkri:t]

형 ① 구체적인 반 abstract 추상적인 ② 콘크리트(제)의
- Can you give me a concrete example?
  제게 구체적인 예를 들어주실래요?

734 disturb
[distə́:rb]

동 ① 방해하다 ② 어지럽히다
- Someone has disturbed the papers on my desk.
  누군가 내 책상 위의 서류를 흐트러뜨렸다.

735 division
[divíʒən]

명 분할, 나누기 → divide 동 나누다
- An example of division is "4 divided by 2 equals 2."
  나누기의 예는 "4 나누기 2는 2"와 같은 예이다.

736 shame
[ʃeim]

명 수치심 동 창피스럽게 하다
- He is lost to all shame. 그는 전혀 부끄러움을 모른다.

737 display
[displéi]

동 전시하다 명 전시
- Various styles of suits are displayed in the shop windows. 여러 가지 모양의 옷이 쇼윈도에 진열되어 있다.

738 weapon
[wépən]

명 무기
- The police still haven't found the murder weapon.
  경찰이 아직도 살인 무기를 찾아내지 못했다.

739 apparent
[əpǽrənt]

형 분명한, 명백한
- That must be apparent to everybody.
  그것은 누구에게나 명백할 것이다.

740

dispose
[dispóuz]

图 ① 배치하다 ② 처리하다
• The battleships were disposed in a straight line.
전함은 일직선으로 배치되었다.

741

distribute
[distríbju:t]

图 ① 나누어 주다, 분배하다 ② 살포하다
• They are evenly distributed among the poor.
그것들을 빈민에게 평등하게 나눠 준다.

742

fate
[feit]

명 운명, 숙명
• The results will affect our fate.
그 결과가 우리 운명을 좌우할 것이다.

743

domain
[douméin]

명 영역, 영토, 분야
• Physics used to be very much a male domain.
예전에는 물리학이 대단히 남성적인 영역이었다.

744

disgust
[disgʌst]

명 혐오감 图 메스껍게 하다
• This smell disgusts me. 이 냄새는 정말 역겹다.

745

jury
[dʒúəri]

명 배심원, 심사 위원
• The jury has returned a verdict of guilty.
배심원단이 유죄 평결을 내렸다.

746

estimate
[éstəmèit]

명 추정 图 추정하다, 평가하다
• It is estimated the project will last four years.
그 사업은 4년간 지속될 것으로 추정된다.

747

dismiss
[dismís]

图 ① 해산시키다, 사람을 보내다 ② 해고하다
• The teacher dismissed his class early.
교사는 그의 반을 일찍 돌려보냈다.

748

equip
[ikwíp]

图 장비를 갖추다, 준비를 갖춰주다
• The ship was equipped for a voyage.
그 배는 항해할 수 있게 준비되었다.

749

region
[rí:dʒən]

명 지역
• This region used to be a fertile place.
이 지역은 과거에 비옥한 땅이었다.

750

expose
[ikspóuz]

图 드러내다, 폭로하다
• Don't expose your skin to the sun.
햇볕에 피부를 노출시키지 말아요.

A. 다음 낱말의 우리말 뜻을 쓰시오.

1. disgust _____
2. disaster _____
3. weapon _____
4. diverse _____
5. estimate _____
6. region _____

7. apparent _____
8. shame _____
9. display _____
10. depress _____
11. equip _____
12. expose _____

B. 우리말과 같은 뜻의 영어 낱말을 쓰시오.

1. 턱 _____
2. 먼지 _____
3. 국내의 _____
4. 배치하다 _____
5. 분할 _____
6. 나누어 주다 _____
7. 전체의 _____

8. 구역 _____
9. 얕은 _____
10. 심각한 _____
11. 입증하다 _____
12. 해산시키다 _____
13. 운명 _____
14. 배심원 _____

C. 다음 우리말과 뜻이 같도록 문장을 완성하시오.

1. 왕은 자기 영토를 감시한다.

   = The king looks out over his _____.

2. 당신을 방해하고 싶지 않아요.

   = I don't want to _____ you.

3. 그는 수출부를 담당하고 있다.

   = He is in charge of the _____ Department.

4. 경찰은 구체적인 증거가 없었다.

   = The police had no _____ evidence.

Day 26

● **Preview Check** 오늘 학습할 낱말입니다. 이미 자신이 알고 있는 낱말에 ✔해 봅시다.

☐ progress	☐ estate	☐ false	☐ minor	☐ glory
☐ justice	☐ failure	☐ extent	☐ charity	☐ envy
☐ version	☐ fame	☐ fade	☐ expression	☐ random
☐ intense	☐ sufficient	☐ explode	☐ extension	☐ facility
☐ intelligence	☐ establish	☐ extend	☐ scratch	☐ faith
☐ plain	☐ intend	☐ occupy	☐ factor	☐ rank

수능
출제
랭킹

Basic

751

progress
[prágres]

명 진전, 진보 동 [prəgrés] 진행되다, 진전되다
● My project progressed rapidly. 나의 과제는 빠르게 진행되었다.

752

plain
[plein]

형 솔직한, 분명한, 단순한 명 (-s)평원
● The problem is quite plain to us.
우리에게 그 문제는 아주 간단하다.

753

establish
[istǽbliʃ]

동 수립하다, 확립하다, 설립하다
● The institutions have been established by law.
그 제도는 법률에 의하여 제정되었다.

754

explode
[iksplóud]

동 폭발하다
● The gas main exploded. 가스 본관이 폭발했다.

755

expression
[ikspréʃən]

명 표현
● His ideas found expression in art.
그의 생각은 예술로 표현되었다.

756

envy
[énvi]

명 부러움, 선망 동 부러워하다
● Her new dress was the envy of all.
그녀의 새 옷은 모두의 선망의 대상이었다.

757

justice
[dʒʌ́stis]

명 정의, 공정
● They are demanding equal rights and justice.
그들은 동등한 권리와 공정을 요구하고 있다.

758

intend
[inténd]

동 의도하다
● He intended her no harm. 그가 그녀에게 해를 가할 의도가 없었다.

759

estate
[istéit]

명 ① 토지 ② 재산
● He has large estates in the country.
그는 지방에 많은 재산을 갖고 있다.

760

extend
[iksténd]

동 늘리다, 확장하다
● There are plans to extend the no-smoking area.
금연 구역을 확대할 계획들이 있다.

761

extension
[iksténʃən]

명 확대, 연장
● I'd like to apply for a visa extension.
나는 비자 연장을 신청하고 싶어요.

762

random
[rǽndəm]

형 무작위의
● The information is processed in a random order.
그 정보는 무작위순으로 처리된다.

763

version
[vɔ́ːrʒən]

명 ~판, 형태
● There are two versions of the game, a long one and a short one.
그 게임은 긴 것과 짧은 것의 두 가지 형태가 있다.

764

failure
[féiljər]

명 실패 → fail 동 실패하다
● All my efforts ended in failure. 나의 모든 노력은 실패로 끝났다.

765

false
[fɔːls]

형 틀린, 거짓의 반 true
● He used a false name to get the job.
그는 그 직장을 잡으려고 가명을 썼다.

766

occupy
[ákjupài]

동 (시간, 공간을) 차지하다, 사용하다 → occupation 명 직업
● All the seats were occupied. 모든 좌석이 다 찼다.

767

scratch
[skrætʃ]

동 긁다 명 할퀸 상처
● Scratch my back and I will scratch yours.
(속담) 오는 정이 있어야 가는 정이 있다. (나의 등을 긁어주면 내가 너의 등을 긁어줄게)

768

facility
[fəsíləti]

명 시설
● Our town has excellent sports facilities.
우리 읍에는 일류 스포츠 시설이 있다.

769

intense
[inténs]

형 강렬한, 심한
● The President is under intense pressure to resign.
대통령은 극심한 사임 압박을 받고 있다.

770
fame
[feim]

뗑 명성 → famous 혱 유명한
- The film earned him international fame.
  그 영화로 그는 국제적인 **명성**을 얻었다.

771
extent
[ikstént]

뗑 정도, 규모
- I was amazed at the extent of his knowledge.
  나는 그가 지닌 지식의 **규모**에 깜짝 놀랐다.

772
minor
[máinər]

혱 ① 중요하지 않은, 사소한 빤 major 주요한 ② 가벼운, 경미한
- The problem is really a minor one.
  그 문제는 정말 **사소한** 거야.

773
factor
[fǽktər]

뗑 요인, 요소
- Luck was a factor in his success.
  행운이 그의 성공의 한 **요인**이었다.

774
faith
[feiθ]

뗑 믿음 → faithful 혱 충실한
- Children usually have faith in their parents.
  아이들은 대개 부모에게 **믿음**을 갖는다.

775
intelligence
[intélədʒəns]

뗑 지능
- She's a woman of high intelligence.
  그녀는 높은 **지능**을 가진 여자다.

776
sufficient
[səfíʃənt]

혱 충분한
- That's not sufficient to feed a hundred men.
  그것으로 100명을 먹이기에는 **충분하지** 않다.

777
fade
[feid]

뗑 바래다, 사라지다, 시들다, 쇠퇴하다
- The stars were fading out from the sky.
  별은 하늘에서 빛을 **잃어가고** 있었다.

778
charity
[tʃǽrəti]

뗑 자선 활동, 자선 단체
- I gave my clothes to charity.
  나는 옷을 **자선 단체**에 기부했다.

779
glory
[glɔ́ːri]

뗑 영광
- He came home a rich man, covered in glory.
  그는 부유한 사람이 되어 대단히 **영예롭게** 귀향했다.

780
rank
[ræŋk]

뗑 계급, 지위, 등급 뙝 순위를 매기다
- He rose to the rank of captain.
  그는 **계급**이 올라서 대위가 되었다.

A. 다음 낱말의 우리말 뜻을 쓰시오.

1. extend _____
2. faith _____
3. scratch _____
4. sufficient _____
5. extent _____
6. glory _____

7. false _____
8. version _____
9. intelligence _____
10. establish _____
11. progress _____
12. charity _____

B. 우리말과 같은 뜻의 영어 낱말을 쓰시오.

1. 의도하다 _____
2. 폭발하다 _____
3. 정의 _____
4. 토지 _____
5. 시설 _____
6. 사소한 _____
7. 요인 _____

8. 부러움 _____
9. 확대 _____
10. 실패 _____
11. 무작위의 _____
12. 명성 _____
13. 분명한 _____
14. 바래다 _____

C. 다음 우리말과 뜻이 같도록 문장을 완성하시오.

1. 불의 열기가 강하다.

    = The heat from the fire is _____.

2. 그는 오직 꿈속에서만 두려움을 표출한다.

    = Only in his dreams does he give _____ to his fears.

3. 나는 방이 세 개 있는 집을 사용한다.

    = I _____ a house with three rooms.

4. 그들은 지위를 이용하길 원치 않는다.

    = They don't want to use _____.

Day 27

● **Preview Check** 오늘 학습할 낱말입니다. 이미 자신이 알고 있는 낱말에 ✔해 봅시다.

- ☐ secure
- ☐ sweat
- ☐ crisis
- ☐ barely
- ☐ optimist
- ☐ column
- ☐ replace
- ☐ income
- ☐ ancient
- ☐ support
- ☐ crush
- ☐ blame
- ☐ author
- ☐ staff
- ☐ argue
- ☐ behave
- ☐ heritage
- ☐ option
- ☐ annoy
- ☐ sincere
- ☐ credit
- ☐ absorb
- ☐ abstract
- ☐ tropical
- ☐ suppose
- ☐ continent
- ☐ absence
- ☐ squeeze
- ☐ material
- ☐ sweep

Basic

781

secure

[sikjúər]

형 ① 안전한 ② 안정된
● This building is secure in an earthquake.
이 건물은 지진이 일어나도 안전하다.

782

replace

[ripléis]

동 ① 대체하다, 대신하다 ② 바꾸다, 교체하다(with)
● He replaced an old tire with a new one.
그는 헌 타이어를 새것으로 바꾸었다.

783

author

[ɔ́:θər]

명 작가, 저자
● Who is the author of the novel? 그 소설의 작가가 누구세요?

784

annoy

[ənɔ́i]

동 괴롭히다, 짜증나게 하다 → annoyed 형 괴로운
● His stupid question annoyed me.
그의 어리석은 질문이 나를 짜증나게 했다.

785

suppose

[səpóuz]

동 ① 생각하다, 추측하다 ② 가정하다
● I suppose that she is sick.
나는 그녀가 아플 거라고 생각한다.

786

sweat

[swet]

명 땀 동 땀을 흘리다
● I sweat a lot in summer. 나는 여름에 땀을 많이 흘린다.

787

income

[ínkʌm]

명 수입, 소득
● He has some income beside his salary.
그는 월급 외에 수입이 약간 있다

788

staff
[stæf]

명 직원, 부원
● The company has a staff of 50 people.
그 회사는 50명의 직원이 있다.

Intermediate

789

sincere
[sinsíər]

형 진심 어린, 진실한 → sincerely 부 진심으로
● I gave her sincere advice.
나는 그녀에게 진심 어린 충고를 해 주었다.

790

continent
[kántənənt]

명 대륙, 육지 → continental 형 대륙의
● Asia is a large continent. 아시아는 큰 대륙이다.

791

crisis
[kráisis]

명 위기
● In times of crisis, one must be wise.
위기일 때, 현명해야만 한다.

792

ancient
[éinʃənt]

형 ① 고대의 ② 아주 오래된
● Ancient Greeks believed in many gods.
고대 그리스인들은 많은 신을 믿었다.

793

argue
[á:rgju:]

동 ① 논쟁하다 ② 주장하다
● We argued about the issue. 우리는 그 문제에 대해 논쟁했다.

794

credit
[krédit]

명 ① 신용 거래, 외상 ② 인정
● Many people use credit cards. 많은 사람이 신용 카드를 사용한다.

795

absence
[æbsəns]

명 ① 결석 ② 부족
● An absence of sleep left her tired.
그녀는 잠이 부족해서 피곤했다.

796

barely
[béərli]

부 ① 간신히, 겨우 ② 거의 ~ 않다
● He barely escaped death.
그는 간신히 죽음을 모면했다.

797

support
[səpɔ́:rt]

동 지원하다, 지지하다 명 지지, 지원
● I entirely support your proposal.
저는 당신의 제안을 전적으로 지지합니다.

798

behave
[bihéiv]

동 행동하다 → behavior 명 행동, 태도
● He behaved politely at the party.
그는 파티에서 점잖게 행동했다.

799

absorb
[æbsɔ́:rb]

동 흡수하다
● The roots absorb water and minerals for the plants.
뿌리는 식물을 위해 수분과 무기질을 흡수한다.

800

squeeze
[skwiːz]

동 짜다
- I squeezed the water out of the cloth.
  나는 천에서 물기를 짜냈다.

801

optimist
[áptəmist]

명 낙천주의자, 낙관주의자
- I used to be an optimist.
  나는 과거에 낙천주의자였다.

802

crush
[krʌʃ]

동 ① 눌러 부수다, 찌그러뜨리다 ② 빻다, 부수다
- The people were crushed into the train.
  사람들은 열차 안에 빽빽이 밀어 넣어졌다.

803

heritage
[héritidʒ]

명 유산, 전통
- Our country has many cultural heritage.
  우리나라는 많은 문화유산이 있다.

804

abstract
[æbstrǽkt]

형 추상적인 반 concrete 구체적인
- 'Beauty' ane 'truth' are abstract words.
  '미'와 진실은 추상적인 말이다.

805

material
[mətíəriəl]

명 ① 재료 ② 자료 형 물질적인
- This cloth is made of natural material.
  이 천은 천연 재료로 만들어졌다.

806

column
[káləm]

명 ① 기둥 ② 칼럼
- She writes a regular column for the Times.
  그녀는 타임지에 정규 칼럼을 쓴다.

807

blame
[bleim]

동 비난하다, ~의 탓으로 돌리다 명 책임, 탓
- I don't blame you for that. 그건 네 탓이 아니야.

808

option
[ápʃən]

명 선택, 선택권
- Think twice before using this option!
  이 선택권을 사용하기 전에 두 번 생각하라!

809

tropical
[trápikəl]

형 열대의, 열대 지방의
- That bird lives in tropical forests.
  저 새는 열대 우림에 산다.

810

sweep
[swiːp]

동 swept - swept ① 청소하다, 쓸다 ② (태풍 등이) 휩쓸다
- Bill helps her sweep the floor.
  빌은 그녀가 바닥 청소하는 것을 도와준다.

Review Check 27

A. 다음 낱말의 우리말 뜻을 쓰시오.

1. crisis   _____
2. absorb   _____
3. author   _____
4. material   _____
5. income   _____
6. argue   _____

7. ancient   _____
8. crush   _____
9. annoy   _____
10. column   _____
11. staff   _____
12. credit   _____

B. 우리말과 같은 뜻의 영어 낱말을 쓰시오.

1. 결석   _____
2. 지원하다   _____
3. 생각하다   _____
4. 유산   _____
5. 안전한   _____
6. 낙천주의자   _____
7. 진심 어린   _____

8. 간신히   _____
9. 행동하다   _____
10. 땀   _____
11. 추상적인   _____
12. 대신하다   _____
13. 짜다   _____
14. 대륙   _____

C. 다음 우리말과 뜻이 같도록 문장을 완성하시오.

1. 새로운 선택에 대해 생각중이다.

   = I'm thinking of a new _____.

2. 이 나라의 기후는 열대성 기후입니다.

   = The country has a _____ climate.

3. 당신을 탓할 의도는 아니었어요.

   = I didn't mean to _____ you.

4. Tony는 Judy가 바닥 청소하는 것을 도와줍니다.

   = Tony helps Judy _____ the floor.

Day 28

● **Preview Check** 오늘 학습할 낱말입니다. 이미 자신이 알고 있는 낱말에 ✔해 봅시다.

☐ troop	☐ comb	☐ convenient	☐ genius	☐ migrate	☐ harm
☐ harbor	☐ haste	☐ horror	☐ prohibit	☐ barrier	☐ commerce
☐ submit	☐ curious	☐ massive	☐ organ	☐ rescue	☐ commission
☐ finance	☐ summary	☐ incredible	☐ myth	☐ roast	☐ statistic
☐ swallow	☐ curriculum	☐ attach	☐ threat	☐ launch	☐ neutral

수능 출제 랭킹 **Basic**

811
troop
[tru:p]
명 군대
● They sent the troops to keep order.
그들은 질서 유지를 위해 군대를 파견했다.

812
comb
[koum]
명 빗
● Your hair needs a good comb. 네 머리 좀 잘 빗어야겠어.

813
convenient
[kənvíːnjənt]
형 편리한 → convenience 명 편의, 편리
● Credit cards are more convenient than cash.
신용 카드가 현금보다 편리하다.

814
genius
[dʒíːnjəs]
명 ① 천재 ② 소질, 타고난 재능
● John is a science genius. John은 과학 천재이다.

815
roast
[roust]
통 굽다 명 불고기
● Wait till the meat is roasted. 고기가 구워질 때까지 기다려라.

816
harm
[hɑːrm]
명 해, 손해 통 해치다, 손상시키다 → harmful 형 해로운
● He would naver harm anyone.
그는 절대 누구도 해치지 않을 것이다.

817
harbor
[háːrbər]
명 항구 유 port
● The harbor suffers from water pollution.
그 항구는 수질 오염에 시달리고 있다.

818
haste
[heist]
명 서두름, 급함
● Haste is never a good thing. 서두르는 것은 결코 좋은 것이 아니다.

Intermediate

819
horror
[hɔ́:rər]
명 공포, 공포감
- Do you like horror movies?
  공포 영화 좋아하세요?

820
prohibit
[prouhíbit]
동 금지하다, 막다, 방해하다
- The law prohibits people from killing each oter.
  법으로 살인을 금하고 있다.

821
barrier
[bǽriər]
명 장애물, 장벽
- The entry barrier is not high.
  그 진입 장벽은 높지 않습니다.

822
commerce
[kámə:rs]
명 무역, 상업
- Commerce between the USA and Asia is good.
  미국과 아시아 간의 무역은 활발하다.

823
submit
[səbmít]
동 ① 제출하다 ② 굴복하다, 복종하다
- I didn't submit to his threat.
  나는 그의 위협에 굴복하지 않았다.

824
curious
[kjú:əriəs]
형 궁금한, 호기심이 강한
- He was curious to know about it.
  그는 그것에 대해 알고 싶었다.

825
massive
[mǽsiv]
형 거대한, 대규모의
- A massive amount of information is available now with computers.
  방대한 정보는 지금 컴퓨터로 이용할 수 있습니다.

826
organ
[ɔ́:rgən]
명 ① 장기, 기관 ② 오르간
- The eyes, tongue, and heart are human organs.
  눈, 혀 그리고 심장은 인체의 기관이다.

827
rescue
[réskju:]
동 구하다, 주조하다 명 구조, 구출
- Rescue work is still under way. 구조 작업은 여전히 진행 중이다.

828
commission
[kəmíʃən]
명 ① 위원회 ② 수수료
- The salesmen work on commission only.
  판매원은 수수료만 받고 일한다.

829
finance
[finǽns]
명 ① 자금 ② 재정, 재원 → financial 형 재정의
- Finance for education comes from taxpayers.
  교육비의 재원은 납세자들에게서 나온다.

Advanced

830

summary
[sʌ́məri]

명 요약, 개요
- This note is a summary of the subject.
  이 노트는 그 과목의 요약이다.

831

incredible
[inkrédəbl]

형 ① 놀라운, 대단한 ② 믿을 수 없는
- It was the most incredible experience of my life.
  이것은 나의 인생에서 가장 놀라운 경험이었다.

832

myth
[miθ]

명 신화
- The story is a pure myth.
  그 이야기는 순수한 신화이다.

833

migrate
[máigreit]

동 ① (철새 등이) 이동하다 ② 이주하다, 이사하다
- Some birds migrate to warmer countries in winter.
  어떤 새는 겨울에 따뜻한 지방으로 이동한다.

834

statistics
[stətístiks]

명 ① (복수 취급) 통계 ② (단수 취급) 통계학
- Statistics is a branch of mathematics.
  통계학은 수학의 일부이다.

835

swallow
[swɑ́lou]

동 삼키다 명 제비
- Swallow the tablet with water.
  그 약을 물과 함께 삼켜라.

836

curriculum
[kəríkjuləm]

명 교육 과정
- Latin is not on the curriculum at our school.
  라틴어는 우리 학교 교육 과정에는 없다.

837

attach
[ətǽtʃ]

동 붙이다, 부착하다(to), 첨부하다
- Don't forget to attach the files.
  그 파일들을 첨부하는 것을 잊지 마라.

838

threat
[θret]

명 협박, 위협 → threaten 동 협박하다
- Other humans became our biggest threat.
  다른 인간들이 우리의 가장 큰 위협이 되었다.

839

launch
[lɔːnʃ]

동 ①시작하다 ② 상품을 출시하다 명 발사, 출시
- We launched a new campaign.
  우리는 새 캠페인을 시작했다.

840

neutral
[njúːtrəl]

형 중립의, 중립적인
- The country remained neutral in the war.
  그 나라는 전쟁에서 중립을 유지했다.

A. 다음 낱말의 우리말 뜻을 쓰시오.

1. attach _____
2. prohibit _____
3. haste _____
4. migrate _____
5. genius _____
6. neutral _____

7. massive _____
8. summary _____
9. swallow _____
10. troop _____
11. commerce _____
12. convenient _____

B. 우리말과 같은 뜻의 영어 낱말을 쓰시오.

1. 신화 _____
2. 위원회 _____
3. 굽다 _____
4. 항구 _____
5. 장벽 _____
6. 시작하다 _____
7. 공포 _____

8. 빚 _____
9. 놀라운 _____
10. 해치다 _____
11. 자금 _____
12. 교육 과정 _____
13. 기관 _____
14. 위협 _____

C. 다음 우리말과 뜻이 같도록 문장을 완성하시오.

1. 어린이들은 모든 것에 호기심이 많다.

   = Children are _____ about everything.

2. 구조팀이 오고 있어요.

   = A _____ team is on its way.

3. 그는 보고서를 제때 제출해야 한다.

   = He should _____ the report in time.

4. 이들 통계는 사람들을 호도한다.

   = These _____ are misleading.

Day 29

● **Preview Check** 오늘 학습할 낱말입니다. 이미 자신이 알고 있는 낱말에 ✔해 봅시다.

☐ method	☐ emotion	☐ committee	☐ calculate	☐ apply	☐ appoint
☐ efficiency	☐ disappoint	☐ maximize	☐ ornament	☐ audience	☐ native
☐ edit	☐ encounter	☐ hatch	☐ criminal	☐ steep	☐ diminish
☐ accountable	☐ gravity	☐ flexible	☐ meanwhile	☐ grave	☐ drag
☐ enormous	☐ insult	☐ rubbish	☐ urgent	☐ education	☐ miserable

수능
출제
랭킹

Basic

841

method
[méθəd]

명 방법
● She introduced a new teaching method.
그녀는 새 교수법을 소개했다.

842

emotion
[imóuʃən]

명 감정, 정서
● I need to control my emotion. 나는 감정을 조절할 필요가 있다.

843

education
[èdʒukéiʃən]

명 교육 → educate 동 교육하다
● An education is the most important thing.
교육은 가장 중요한 것이다.

844

calculate
[kǽlkjulèit]

동 계산하다
● She did not calculate the interest.
그녀는 이자를 계산하지 못했다.

845

apply
[əplái]

동 ① 신청하다, 지원하다 (for) ② 적용되다 (to), 적용하다
● I would like to apply for a driver's license.
자동차 면허를 신청하고 싶은데요.

846

appoint
[əpɔ́int]

동 임명하다, 지명하다
● Our team appointed me as a new captain.
우리 팀은 나를 새 주장으로 임명했다.

847

audience
[ɔ́:diəns]

명 청중, 관객
● The audience were deeply moved by his speech.
청중은 그의 연설에 깊이 감동했다.

848

disappoint
[dìsəpɔ́int]

동 실망시키다 → disappointment 명 실망
- I don't want to disappoint you.
  나는 너를 실망시키고 싶지 않다.

수능 출제 랭킹

Intermediate

849

maximize
[mǽksəmàiz]

동 극대화하다 반 minimize 최소화하다
- The firm's main function is to maximize profit.
  회사의 주요 기능은 이윤을 극대화하는 것이다.

850

ornament
[ɔ́ːrnəmənt]

명 장식(품)
- Her room is full of little china ornaments.
  그녀의 방은 작은 도자기 장식품들로 가득하다.

851

efficiency
[ifíʃənsi]

명 능률, 효율
- improvements in efficiency 능률 개선

852

native
[néitiv]

형 출생지의, 모국의 명 토박이
- What's your native language? 당신의 모국어는 무엇입니까?

853

edit
[édit]

동 편집하다, 교정하다, 수정하다 → editor 명 편집자
- Can you edit this report for me? 이 보고서를 교정 좀 봐 주실래요?

854

encounter
[inkáuntər]

동 마주치다, 우연히 만나다 명 마주침, 만남
- I encountered an old friend on the road
  나는 옛 친구를 길에서 우연히 만났다.

855

hatch
[hætʃ]

동 부화하다, 부화시키다
- The eggs hatch in about 21 days. 알은 약 21일 지나면 부화한다.

856

criminal
[krímənl]

명 범인, 범죄자 형 범죄의
- The criminal was sent to prison. 그 범죄자는 투옥되었다.

857

steep
[stiːp]

형 가파른
- The road's too steep to ride up on a bike.
  길이 경사가 심해서 자전거 타고 올라 갈 수 없다.

858

diminish
[dimíniʃ]

동 줄어들다, 줄이다, 감소하다, 감소시키다 유 decrease
- As a result, costs rise and services often diminish.
  그 결과, 비용은 상승하고 서비스는 종종 감소한다.

859

accountable
[əkáuntəbl]

형 ① 책임이 있는 ② 설명할 수 있는
- You are accountable for what you have done.
  너는 자신의 행동에 대하여 설명할 수 있어야 한다.

860

gravity
[grǽvəti]

명 중력
- There is no gravity in space. 우주에는 중력이 없다.

861

flexible
[fléksəbl]

형 ① 구부리기 쉬운 ② 융통성 있는
- Be more flexible in your thinking.
  생각을 좀 더 융통성 있게 갖도록 하세요.

862

meanwhile
[míːnwàil]

부 그 동안에
- Bob spent fifteen months alone. Ann, meanwhile, took care of the children.
  Bob은 혼자 15개월을 보냈다. 그 동안에 Ann은 아이들을 돌보았다.

863

grave
[greiv]

명 무덤, 묘 형 중대한, 심각한
- He used to visit her grave once a year.
  그는 일 년에 한 번 그녀의 묘를 찾곤 했다.

864

drag
[dræg]

동 끌다, 질질 끌고 가다
- Beavers drag trees that they cut down to the water.
  비버는 자신들이 자른 나무를 물로 끌고 온다.

865

enormous
[inɔ́ːrməs]

형 거대한, 막대한
- We suffered an enormous loss from the flood.
  우리는 홍수로 막대한 손해를 입었다.

866

insult
[insʌ́lt]

동 모욕하다 명 [ínsʌlt] 모욕, 모욕적인 말이나 행동
- I did not intend to insult you at all.
  나는 당신을 모욕할 생각은 추호도 없었다.

867

rubbish
[rʌ́biʃ]

명 쓰레기
- I put the rubbish in a plastic bag.
  비닐 봉지에 쓰레기를 넣었다.

868

urgent
[ə́ːrdʒənt]

형 긴급한, 다급한
- I have an urgent message for her.
  그녀에게 전할 긴급한 말이 있어요.

869

committee
[kəmíti]

명 위원회
- The committee were divided on the question.
  그 문제에 관해서 위원회의 의견은 갈라졌다.

870

miserable
[mízərəbl]

형 비참한, 불행한
- He is now in a miserable situation.
  그는 지금 비참한 상황에 처해 있다.

A. 다음 낱말의 우리말 뜻을 쓰시오.

1. method   _____
2. drag   _____
3. urgent   _____
4. disappoint   _____
5. criminal   _____
6. audience   _____

7. gravity   _____
8. insult   _____
9. edit   _____
10. appoint   _____
11. maximize   _____
12. meanwhile   _____

B. 우리말과 같은 뜻의 영어 낱말을 쓰시오.

1. 책임이 있는   _____
2. 계산하다   _____
3. 마주치다   _____
4. 비참한   _____
5. 장식품   _____
6. 줄이다   _____
7. 위원회   _____

8. 신청하다   _____
9. 융통성 있는   _____
10. 쓰레기   _____
11. 부화하다   _____
12. 무덤   _____
13. 교육   _____
14. 모국의   _____

C. 다음 우리말과 뜻이 같도록 문장을 완성하시오.

1. 음악은 사람의 감정을 표현하는 도구이다.

   = Music is a tool to express man's _____.

2. 우리가 높이 올라갈수록 오솔길은 더 가팔라졌다.

   = The path grew _____ as we climbed higher.

3. 그들의 효율성은 정말 놀랍게 되었다.

   = Their _____ has been truly remarkable.

4. David은 오래 전에 이 거대한 집에서 살았다.

   = David lived in this _____ house a long time ago.

Day 30

● **Preview Check** 오늘 학습할 낱말입니다. 이미 자신이 알고 있는 낱말에 ✔해 봅시다.

☐ sting	☐ dare	☐ exhibit	☐ fund	☐ mentor	☐ swear
☐ bind	☐ competitive	☐ consider	☐ fasten	☐ frankly	☐ predict
☐ stock	☐ compose	☐ embarrass	☐ former	☐ innovate	☐ rust
☐ complicated	☐ moderate	☐ complaint	☐ deal	☐ emerge	☐ formula
☐ punctual	☐ sacred	☐ university	☐ adjust	☐ complement	☐ debt

Basic

871

sting
[stiŋ]

⑧ 찌르다, 쏘다
● A bee stung her cheek. 벌이 그녀의 뺨을 쏘았다.

872

dare
[dɛər]

⑧ 감히 ~하다, ~할 용기가 있다
● He daren't do it. 그는 그럴 용기가 없다.

873

university
[jùːnəvə́ːrsəti]

⑨ 대학교
● a women's university
여자 대학교

874

fund
[fʌnd]

⑨ 기금, 자금
● I ran out of my fund. 나는 나의 자금을 다 써버렸다

875

mentor
[méntɔːr]

⑨ 좋은 조언자, 스승
● I meet with my mentor once a week.
나는 일주일에 한 번 스승과 만난다.

876

consider
[kənsídər]

⑧ ① 생각하다, 숙고하다 ② 고려하다 ③ ~로 여기다
● I am considering changing my job.
나는 이직을 고려하고 있다.

877

bind
[baind]

⑧ bound - bound 묶다, 동여매다
● We bound a big stone with rope.
우리는 밧줄로 큰 돌 하나를 묶었다.

878

competitive
[kəmpétətiv]

형 경쟁의, 경쟁적인
- Advertising is a highly competitive business.
  광고는 매우 경쟁적인 사업이다.

Intermediate

879

swear
[swεər]

동 swore - sworn ① 맹세하다 ② 욕을 하다
- I swear that I won't be late again.
  다시는 지각하지 않겠다고 맹세할게.

880

fasten
[fǽsn]

동 ① 매다 ② 고정시키다
- Please fasten your seat belt. 좌석 벨트를 매세요.

881

frankly
[frǽŋkli]

부 솔직히, 솔직히 말해서
- I'll talk to you frankly. 내가 솔직히 말할게.

882

predict
[pridíkt]

동 예측하다, 예보하다
- No one can predict what will happen next.
  다음에 무슨 일이 일어날지 아무도 예측할 수 없다.

883

stock
[stɑk]

명 ① 재고품 ② 축적, 저장
- We have a fast turnover of stock.
  우리는 재고품이 빠르게 회전됩니다.

884

compose
[kəmpóuz]

동 ① 구성하다 ② 작곡하다
- I learn how to compose music twice a month.
  나는 한 달에 두 번 음악을 작곡하는 법을 배운다.

885

embarrass
[imbǽrəs]

동 당황스럽게 하다
- Meeting strangers embarrasses Tom.
  처음으로 사람을 만나면 Tom은 당황하고 만다.

886

former
[fɔ́rmər]

형 ① 예전의 ② 전임의, 이전의 ③ (둘 중에서) 전자(의)
- It was not accepted in former times.
  그게 옛날에는 허용되지 않았다.

887

innovate
[ínəvèit]

동 혁신하다
- his constant desire to innovate 혁신하려는 그의 변함없는 욕구

888

rust
[rʌst]

명 녹 동 녹슬게 하다
- Damp air rusts iron. 습한 공기는 쇠를 녹슬게 한다.

889

complicated
[kámpləkèitid]

형 복잡한
- This is too complicated to put together.
  이건 너무 복잡해서 조립을 못하겠어요.

890
moderate
[mάdərət]

형 ① 적당한, 중도의 ② 보통의, 중간의
- Moderate exercise helps you lose weight.
  적당한 운동은 체중을 줄이는 데에 효과적이다.

891
complaint
[kəmpléint]

명 불평, 불만
- That consumer has a complaint about a bad product.
  그 소비자는 불량품에 대한 불만이 있다.

892
deal
[di:l]

동 ① 다루다, 거래하다 ② 처리하다 명 거래, 대우
- His paper deals with water pollucion.
  그의 리포트는 수질 오염 문제를 다루고 있다.

893
emerge
[imə́:rdʒ]

동 ① 나오다, 나타나다 ② 밝혀지다
- The sun soon emerged from behind the clouds.
  태양이 곧 구름 속에서 나타났다.

894
formula
[fɔ́:rmjulə]

명 공식
- This formula is used to calculate the area of a circle.
  이 공식은 원의 면적을 계산하는 데 쓰인다.

895
punctual
[pʌ́ŋkʃuəl]

형 시간을 지키는
- He is punctual to the minute.
  그는 시간을 1분도 어기지 않는다.

896
sacred
[séikrid]

형 성스러운, 신성한
- Human life is sacred.
  인명은 신성하다

897
adjust
[ədʒʌ́st]

동 ① 조정[조절]하다 ② 적응하다 (to)
- I adjusted to living alone.   나는 혼자 사는 데 적응했다.

898
acquire
[əkwáiər]

동 습득하다, 얻다
- He acquired a reputation for honesty.
  그는 진실하다는 평판을 얻었다.

899
complement
[kámpləmènt]

동 보완하다 명 [kámpləmənt] 보완물, 보충하는 것
- Love and justice are complements each of the other. 사랑과 정의는 서로 보완된다.

900
debt
[det]

명 빚
- He owes a debt of $ 50 to his friend.
  그는 친구에게 50달러 빚이 있다.

A. 다음 낱말의 우리말 뜻을 쓰시오.

1. deal _____
2. compose _____
3. frankly _____
4. complement _____
5. fund _____
6. sacred _____

7. dare _____
8. embarrass _____
9. swear _____
10. stock _____
11. innovate _____
12. former _____

B. 우리말과 같은 뜻의 영어 낱말을 쓰시오.

1. 불평 _____
2. 경쟁적인 _____
3. 공식 _____
4. 예측하다 _____
5. 대학 _____
6. 적당한 _____
7. 시간을 지키는 _____

8. 스승 _____
9. 매다 _____
10. 찌르다 _____
11. 고려하다 _____
12. 전시하다 _____
13. 나오다 _____
14. 조절하다 _____

C. 다음 우리말과 뜻이 같도록 문장을 완성하시오.

1. 그들은 그의 손을 밧줄로 묶었다.

= They _____ his hands with rope.

2. 녹이 쇠를 파먹듯이 근심은 마음을 좀먹는다.

= As _____ eats iron, so care eats the heart.

3. 그 수학 문제는 너무 복잡하다.

= The math question is too _____.

4. 그 회사는 빚더미에 허덕이고 있다.

= That company is drowning in _____.

125

Answer Key

Review Check 01

A 1. 주목 2. 언어 3. 필수적인 4. 해석하다
5. 눈에 보이는 6. 상황 7. 야망 8. 양심
9. 대중적인 10. 증가하다 11. 전체의 12. 모든
B 1. several 2. employ 3. declare
4. order 5. part 6. permit 7. guilty
8. deny 9. reason 10. virtual
11. upword 12. above
C 1. instead 2. such 3. part 4. own
5. although 6. moment

Review Check 02

A 1. 재능 2. 우주 3. 주요한 4. 자원봉사자
5. 심각한 6. 피 7. 제공하다 8. 제의하다
9. 가치 10. 지식 11. 조사 12. 기술
B 1. system 2. college 3. local 4. certain
5. nature 6. common 7. item 8. control
9. return 10. period 11. perfect
12. successful
C 1. amount 2. role 3. against 4. behind
5. form 6. field

Review Check 03

A 1. 외국의 2. 견해(경관) 3. 상당한 4. 기념일
5. 다양한 6. 평균 7. 접근하다 8. 추천하다
9. 충고 10. 창조하다 11. ~을 받을 만하다
12. 헌신하다
B 1. level 2. insect 3. share 4. recently
5. cage 6. contact 7. follow 8. cast
9. realize 10. produce 11. invest
12. dead
C 1. descend 2. response 3. leads
4. consists 5. due 6. angles

Review Check 04

A 1. 겸손한 2. 궁금하다 3. 맨 아래 4. 약
5. 정기적인 6. 끔찍한 7. 노력 8. 온도
9. 회복하다 10. 존재 11. 알리다 12. 일련의
사건, 순서
B 1. step 2. forward 3. pain 4. reach
5. necessary 6. project 7. protect
8. heal 9. focus 10. huge 11. decide
12. effect
C 1. monitor 2. murder 3. hire 4. modify
5. improve 6. expects

Review Check 05

A 1. 어른 2. 주거지 3. 준비하다 4. 거리
5. 초조해하는 6. 복지 7. 병 8. 주요한
9. 일시적인 10. 상태 11. 주인, 숙달하다
12. 철학
B 1. festival 2. ocean 3. rise 4. allow
5. nearly 6. raise 7. express 8. destroy
9. explain 10. register 11. justify
12. settle
C 1. comfortable 2. race 3. rules 4. refer
5. except 6. session

Review Check 06

A 1. 약속 2. 기록하다 3. 인구 4. 관계
5. 일반적인 6. 줄이다 7. 실험 8. 도구
9. 직업 10. 증거 11. 조사하다 12. 불가능한
B 1. damage 2. anger 3. dew 4. wild
5. law 6. grade 7. secret 8. spread
9. goal 10. decision 11. charge
12. textbook
C 1. sudden 2. achieved 3. add 4. below
5. Everybody 6. worth

Review Check 07

A 1. 피하다 2. 기후 3. 고객 4. 보통의 5. 남다,
계속 ~이다 6. 제안하다 7. 포함하다 8. 격려
하다 9. 법정 10. 물체 11. 완전한
12. 기술하다, 묘사하다
B 1. memory 2. useful 3. copy 4. serve
5. benefit 6. range 7. normal 8. affect
9. active 10. flat 11. electric 12. direct
C 1. purpose 2. screen 3. None 4. exist
5. hardly 6. suffered

Review Check 08

A 1. 정장 2. 참석하다 3. 건축가 4. 의사소통하
다 5. 공정한 6. 성격, 등장인물 7. 인정하다
8. 운송 9. 화난 10. 믿다 11. 살아남다
12. 기진맥진한
B 1. tough 2. track 3. giant 4. rope 5. god
6. familiar 7. proper 8. treat 9. sand
10. mark 11. wedding 12. flow
C 1. enter 2. height 3. scale 4. Pollution
5. disappeared 6. repair

Review Check 09

A 1. 다루다 2. 사막 3. 귀중한 4. 직업 5. 적 6. 무시하다 7. 탐험하다 8. 반대편의 9. 제거하다 10. 분리된 11. 운동선수 12. 혁명
B 1. silver 2. wave 3. coin 4. yard 5. signal 6. engine 7. judge 8. locate 9. degree 10. dramatic 11. absent 12. indicate
C 1. attractive 2. panic 3. bar 4. trend 5. article 6. aim

Review Check 10

A 1. 생략하다 2. 진행하다 3. 산업 4. 제조 5. 남용하다 6. 견실한 7. 경작하다 8. 교수 9. 특징 10. 절대적인 11. 버리다 12. 동료
B 1. fellow 2. margin 3. colony 4. manage 5. bargain 6. entrance 7. violent 8. challenge 9. crop 10. spoil 11. private 12. official
C 1. difficulty 2. manual 3. drowned 4. reward 5. fee 6. individual

Review Check 11

A 1. 감염시키다 2. 결합하다 3. 바지 4. 결혼하다 5. 학문적인 6. 역동적인 7. 반대하다 8. 기회 9. 접근 10. 촉진하다 11. 경쟁자 12. 명령하다
B 1. stage 2. profit 3. basic 4. curly 5. stain 6. risk 7. eager 8. trunk 9. stand 10. earnest 11. organize 12. inform
C 1. mass 2. fierce 3. inferred 4. truth 5. cured 6. acceptable

Review Check 12

A 1. 지위 2. 결백한 3. 정확한 4. 동반하다 5. 궁극적인 6. 효과적인 7. 효율적인 8. 반사하다 9. 현재의 10. 재정의 11. 경제 12. 수용하다
B 1. tool 2. rob 3. undergo 4. duty 5. standard 6. conclusion 7. flame 8. mature 9. bathe 10. regret 11. unique 12. commit
C 1. initials 2. firm 3. rid 4. stare 5. twisted 6. oriented

Review Check 13

A 1. 계좌 2. 낭만적인 3. 그 동안 4. 비교 5. 제안하다 6. 보상하다 7. 최대의 8. 동반자 9. 요소 10. 기계공 11. 결과 12. 제공
B 1. bean 2. steel 3. curve 4. steady 5. mayor 6. rough 7. prospect 8. beard 9. beast 10. forbid 11. outline 12. recycle
C 1. flesh 2. protest 3. injured 4. inquire 5. unify 6. otherwise

Review Check 14

A 1. 단체 2. 이기다 3. 똑바른 4. 말 없이 5. 어디나 6. 이익 7. 경쟁 8. 더욱이 9. 해외에서 10. 틀 11. 망치다 12. 장례식
B 1. stem 2. identify 3. knock 4. union 5. insist 6. output 7. unit 8. fundamental 9. psychology 10. accuse
C 1. merchants 2. formal 3. foundation 4. generous 5. unless 6. beetle

Review Check 15

A 1. 정부 2. 침입하다 3. 장애가 있는, 장애인들 4. 명예 5. 만들어 내다 6. 조정하다 7. 후식 8. 놀람 9. 깨끗한 10. 외국의 11. 몸부림치다 12. 피할 수 없는, 불가피한 것
B 1. candle 2. pupil 3. accustom 4. celadon 5. sacrifice 6. belief 7. charcoal 8. purchase 9. precious 10. unite 11. acid 12. rural
C 1. pure 2. graduation 3. pan 4. injury 5. mending 6. salary

Review Check 16

A 1. 벽장 2. 10년 3. 양배추 4. 도시의 5. 다스리다 6. 출판 7. ~아래에 8. 빛나는 9. ~인지 아닌지 10. 경영자
B 1. universe 2. bold 3. variety 4. strategy 5. demand 6. indeed 7. collection 8. friendship 9. blink 10. decay 11. pursue 12. nearby 13. concept 14. seal
C 1. robbery 2. carnival 3. straw 4. mess 5. genuine 6. adequate

Review Check 17

A 1. ~을 …으로 여기다 2. 강조하다, 가장 중요 부분 3. 직면하다 4. 거의 ~않다 5. 인정하다 6. 디자인, 디자인하다 7. 시작하다 8. 투입 9. 서식하다 10. 압박 11. 수집가 12. 이기다 13. 포함하다 14. 결정하다 15. 방어하다 16. 지속하다, 유지하다

B 1. detective 2. hesitate 3. evolve 4. pump 5. institute 6. concerned 7. lastly 8. afford 9. applaud 10. outstanding

C 1. shaving 2. confronts 3. inn 4. impressed

Review Check 18

A 1. 태도 2. 서류, 기록하다 3. 결혼 4. 확대하다 5. 편견 6. 지연, 지연시키다 7. 겹치다; 공통 부분 8. 전적으로 9. 확실한 10. 수확

B 1. consequence 2. institution 3. emergency 4. approve 5. counselor 6. margin 7. clue 8. emphasis 9. handkerchief 10. stove 11. horizon 12. mechanism

C 1. cliff 2. atmosphere 3. crowded 4. arranged 5. distinguish 6. escaped 7. essence 8. reminded

Review Check 19

A 1. 수레, 운반하다 2. 전체의, 전부 3. 허물없는 4. 간청, 간청하다 5. ~을 할 수 있는 6. 정신의 7. 곳 8. 패드, 패드를 대다 9. 연상의 10. 전문가 11. 빚지고 있다 12. 끼워 넣다

B 1. puzzle 2. candidate 3. holy 4. recharge 5. infection 6. qualify 7. carriage 8. courage 9. influence 10. decrease 11. insight 12. confident 13. pale 14. constant

C 1. mild 2. annual 3. navy 4. loaves

Review Check 20

A 1. 일 2. 줄무늬 3. 재촉하다, 욕구 4. 건설하다 5. 분명한 6. 지옥 7. 곱하다 8. 제외하다 9. 물건 10. 만족시키다 11. 소비하다 12. 지나침 13. 대리인 14. 동기

B 1. quantity 2. desire 3. constitute 4. exceed 5. evaluate 6. consult 7. advocate 8. eventual 9. devil 10. motion

C 1. detect 2. Despite 3. heel 4. instances 5. insurance 6. insured

Review Check 21

A 1. 신경 2. 엄청난 3. 인상 4. 부처 5. 논리 6. 필요 7. 만족하는 8. 집중하다 9. 허튼소리 10. 장관

B 1. entertain 2. moreover 3. mineral 4. confidence 5. moral 6. imitate 7. import 8. imply 9. joint 10. inspect 11. negotiate 12. patient 13. mode 14. loan 15. impact 16. nevertheless

C 1. neglect 2. notion 3. assigned 4. violate

Review Check 22

A 1. 농업 2. 가정하다, 떠맡다 3. 지우다 4. 혼동하다 5. 터지다 6. 세대 7. 넓은 8. 거대한 9. 문학 10. 기르다 11. 이루다 12. 모이다 13. 장려책 14. 지적인

B 1. assist 2. alter 3. aspect 4. associate 5. context 6. appropriate 7. vary 8. burden 9. authority 10. load 11. bride 12. artificial

C 1. attempt 2. certificate 3. budget 4. brick

Review Check 23

A 1. 방해하다 2. 분명히 말하다 3. 화학 4. 차고 5. 긴장한 6. 차이, 대조 7. 반대의 8. 찰흙 9. 상황 10. 특유의, 특징 11. 계약 12. 부정적인

B 1. claim 2. confess 3. bother 4. available 5. conscious 6. confirm 7. conform 8. tender 9. force 10. clause 11. wheat 12. reject

C 1. conflict 2. shifted 3. novel 4. client 5. confine 6. contribute

Review Check 24

A 1. 인상적인 2. 협력하다 3. 기업의 4. 동정 5. 관련시키다 6. 규율 7. 엄격한 8. 기대하다

9. 구, 구절 10. 언급, 참조 11. 작동하다, 수술
하다 12. 창조적인
B 1. isolate 2. cope 3. convince
4. cottage 5. crime 6. dependent
7. tension 8. policy 9. voyage
10. core 11. council 12. democratic
C 1. mill 2. wage 3. educate 4. physics
5. democracy 6. reform

Review Check 25

A 1. 혐오감, 메스껍게 하다 2. 재해 3. 무기
4. 다양한 5. 평가, 평가하다 6. 지역
7. 분명한 8. 수치심, 창피스럽게 하다
9. 전시하다, 전시 10. 우울하게 하다
11. 장비를 갖추다 12. 드러내다
B 1. jaw 2. dirt 3. domestic 4. dispose
5. division 6. distribute 7. entire
8. district 9. shallow 10. severe
11. demonstrate 12. dismiss 13. fate
14. jury
C 1. domain 2. disturb 3. Export
4. concrete

Review Check 26

A 1. 늘리다, 확장하다 2. 믿음 3. 긁다, 할퀸 상
처 4. 충분한 5. 정도 6. 영광 7. 틀린, 거짓의
8. ~ 판, 형태 9. 지능 10. 확립하다 11. 진전
되다 12. 자선 단체
B 1. intend 2. explode 3. justice 4. estate
5. facility 6. minor 7. factor 8. envy
9. extension 10. failure 11. random
12. fame 13. plain 14. fade
C 1. intense 2. expression 3. occupy
4. rank

Review Check 27

A 1. 위기 2. 흡수하다 3. 작가 4. 재료 5. 수입
6. 논쟁하다 7. 고대의 8. 눌러 부수다
9. 괴롭게 하다 10. 기둥 11. 직원 12. 신용
거래
B 1. absence 2. support 3. suppose
4. heritage 5. secure 6. optimist 7.
sincere 8. barely 9. behave 10. sweat
11. abstract 12. replace 13. squeeze 14.
continent
C 1. option 2. tropical 3. blame 4. sweep

Review Check 28

A 1. 붙이다 2. 금지하다 3. 서두름 4. 이동하다
5. 천재 6. 중립적인 7. 거대한 8. 요약
9. 삼키다 10. 군대 11. 무역, 상업 12. 편리한
B 1. myth 2. commission 3. roast
4. harbor 5. barrier 6. launch
7. horror 8. comb 9. incredible 10. harm
11. finance 12. curriculum 13. organ
14. threat
C 1. curious 2. rescue 3. submit
4. statistics

Review Check 29

A 1. 방법 2. 끌다 3. 긴급한 4. 실망시키다
5. 범인 6. 청중, 관객 7. 중력 8. 모욕, 모욕하
다 9. 편집하다 10. 임명하다 11. 극대화하다
12. 그 동안에
B 1. accountable 2. calculate
3. encounter 4. miserable 5. ornament
6. diminish 7. committee 8. apply
9. flexible 10. rubbish 11. hatch
12. grave 13. education 14. native
C 1. emotion 2. steep 3. efficiency
4. enormous

Review Check 30

A 1. 거래, 다루다 2. 구성하다, 작곡하다
3. 솔직히 4. 보완하다, 보완물 5. 기금, 자금
6. 성스러운, 신성한 7. 감히 ~ 하다 8. 당황
스럽게 하다 9. 맹세하다 10. 재고(품), 주식
11. 혁신하다 12. 전자의, 예전의
B 1. complaint 2. competitive 3. formula
4. predict 5. university 6. moderate
7. punctual 8. mentor 9. fasten
10. sting 11. consider 12. exhibit
13. emerge 14. adjust
C 1. bound 2. rust 3. complicated 4. debt

INDEX

A

E